KB122604

[권두화 1] 고바야시 기요치카, 〈아군의 우장성(牛莊城) 시가전 촬영도〉

[권두화 2] 미즈노 도시카타, 〈대일본제국 만만세 성환 습격 일본군 대첩도〉

[권두화 3] 《유럽 대전란 화보》에 실린 〈익살 시국 세계지도〉

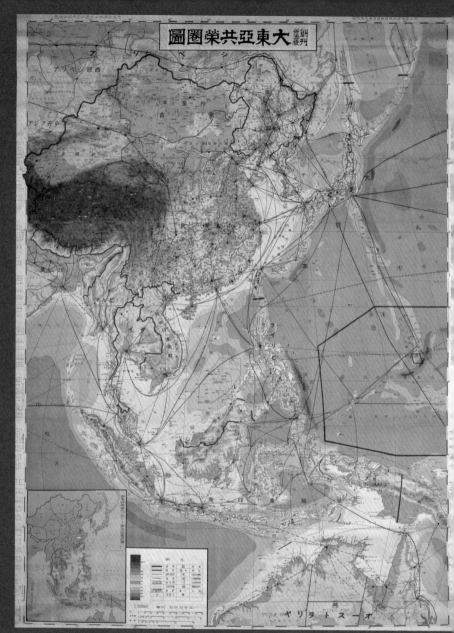

[권두화 4] 괘도 〈창간 등면적 대동아공영권도〉(1941)

제국 일본의 프로파간다

제국 일본의 프로파간다

기시 도시히코 지음

정문주 옮김 | 조명철 감수

타커스

추천글

1854년 미국과 화친조약을 맺음으로써 서양과 본격적으로 교류하기 시작한 일본은 1868년 메이지 유신을 일으켜 급속하게 서구화를 추구하기 시작했다.

일본의 서구화 정책은 정치, 경제, 사회, 교육 등 대부분 분야에서 매우 성공적으로 진행되었고, 그 결과 1884년에는 서구와 같은 정부 형태를 갖추었고 1889년에는 비록 흠정헌법이지만 헌법을 기반으로 근대적인 삼권분립의 국가 형태를 갖추었다.

메이지 유신으로 국내를 통일하고 헌법으로 근대국가의 모습을 갖춘 일본은 이후 맹렬한 기세로 국가의 위상을 키워나가기 시작했는데, 그것은 대부분 해외로 국력을 팽창하는 방식으로 표출되었다. 이때부터 일본은 좁은 열도를 벗어나 밖으로 영토와 식민지를 확장하는 정책을 추구하면서 아시아에서 가장 강력한 제국으로 성장하였다.

이처럼 제국 일본의 세력 팽창은 주로 전쟁을 통해 이루어졌는데 엄청나게 빠른 제국의 팽창 속도는 국가의 운명을 건 대규모 전쟁을 통해 충족되었다.

제국 일본의 전쟁과 영토 확장은 주기적으로 반복되다가 1945년 패망하고 나서야 겨우 멈추었다.

전면전에 가까운 전쟁만 나열하더라도 1894년 청일전쟁, 1904년 러일전쟁, 1914년 1차 세계대전, 1931년 만주사변, 1937년 중일전쟁, 1941년 태평양전쟁 등 대략 10년에 한 번꼴로 전쟁이 계속된 것을 알 수 있다.

그 특징을 꼽자면 전쟁의 주기가 매우 짧았다는 점과 위에 열거한 전쟁이 모두 일본이 일으킨 전쟁이었다는 사실이다.

근대 이후 일본처럼 전쟁에 특화된 국가는 세계사에서도 그 유례를 찾아보기 힘들다. 침략당했을 때만 방어적 차원에서 전쟁을 치러야 했던 한국과 비교하면 너무나 대비되는 역사가 아닐 수 없다.

일본이 끊임없이 전쟁을 반복할 수 있었던 배경에는 전쟁을 선호하는 지도층이 있었지만, 그에 못지않게 과도한 군사비 예산을 흔쾌히 용인하고 전쟁을 열렬하게 지지해준 여론도 빼놓을 수 없다.

이 책은 바로 일반 국민이 보여준 전쟁에 대한 광적인 '전쟁열'을 형성하는 데 지대한 역할을 했다고 보이는 정보전달 매체를 집중적으로 조명함으로써 제국 일본이 어떻게 침략전쟁에 대한 긍정적 이미지를 국민에게 심어주면서 청일전쟁에서부터 태평양전쟁까지 전쟁을 수행해갔는가를 실증적으로 추적하고 있다.

아울러 시기마다 전달 매체의 형태는 바뀌지만 새로운 매체가 등장할 때마다 그것을 어떻게 효과적으로 활용하여 전쟁의 이미지를 국민에게 홍보하는, 이른바 프로파간다에 성공했는가를 삽화와 더불어 알기 쉽게 설명하고 있다.

이 책은 정보전달 매체를 통해 제국 일본이 대중의 '전쟁열'을 어떻게 고취했고 '전쟁열'에 고양된 국민의 지지와 헌신, 희생으로 대외 침략전쟁을 어떻게 성공적으로 수행했는지의 '악순환'을 극명하게 보여준다.

흥미로운 것은 산업과 기술의 발전에 따라 전쟁 정보를 전달하는 매체가 신속하게 바뀌어 갔다는 사실이다. 특히 전쟁 정보를 전달하는 매체는 처음부터 문자보다는 시각적 이미지가 훨씬 강했다. 또 시각 이미지 중에도 사진보다 특정 요소를 의도적으로 강조한 그림이 '전쟁열' 형성에 효과가 컸고 흑백보다는 컬러이미지가 대중에게 잘 먹혔다.

흑백사진이 현장의 리얼리티를 보장해준다는 점에서 강점을 지녔지만, 여전히 흑백의 한계를 벗어나지 못했기 때문에 판형을 키워서 그 약점을 보완해야 했다는 점은 컬러 이미지가 인간에게 주는 임팩트가 훨씬 강렬하다는 사실을 뒷받침해 준다.

　대중이 좋아하는 매체는 곧 선진적인 기술의 도움을 받아 그 분야의 산업을 번성하게 했고, 상업적 이익을 추구하는 업자들은 대중이 원하는 내용을 사실과 일치하지 않더라도 이미지 매체에 삽입하여 경쟁력을 확보하고자 했다.

　한편 이 책은 전쟁과 이미지 매체의 관계, 그리고 그 발전 과정이 일본에 한정되어 있지 않고 세계적인 현상이라는 점에서 러시아의 사례도 상세하게 소개하고 있는데, 특히 러일전쟁에 대한 러시아의 입장을 이해할 수 있어서 매우 유익하다.

　이렇게 보면 당시 새로운 이미지 매체의 등장, 대중의 환영, 업체의 적극적인 영업과 번성이라는 연결 고리가 선순환되는 가운데, 그 결과는 제국 일본이 원하는 대중의 '전쟁열' 고조로 귀결되었다고 볼 수 있다. 제국 일본은 이미지 매체를 활용한 프로파간다를 통해 전쟁 친화적인 국민의 의식을 형성하면서 수월하게 전쟁을 확대 재생산할 수 있었던 것으로 보인다.

조명철
고려대학교 명예교수, 전 일본사학회 회장

한국 독자 여러분께

현대의 세계 정세를 보면, 평화 문제나 국제 관계를 떠나서는 미래를 이야기할 수 없다는 사실을 절실하게 느낄 수 있습니다. 또 우리가 이러한 세계 정세를 파악하고자 할 때 미디어나 저널리즘이 얼마나 우리의 시대 인식에 영향을 주는지도 실감할 수 있습니다.

이 책은 19세기 이후, 제국 일본의 성립부터 붕괴에 이르기까지를 대략 살핀 책으로 미디어와 저널리즘의 중요성을 재인식해야 한다는 점을 강조할 목적으로 썼습니다. 특히 당시 제국 일본이 검열 제도 아래 조작했던 숱한 시각 매체가 단순한 여론 형성뿐 아니라 정치적 선전의 기능도 했다는 사실을 간과해서는 안 됩니다. 이 책은 이러한 제국 일본의 프로파간다의 역사를 제도 면에서 살펴보았습니다. 그로 인해 개별적인 프로파간다에 대한 언급이 적다는 비판은 달게 받아야 할 것입니다.

먼저 '제국 일본'이라는 개념에 관해 설명이 필요할 것 같습니다. 19세기 중반에 일본이 에도 시대의 막번 체제를 벗어나 근대 국가로 나아가기 시작했다는 사실은 알고 계실 것입니다. 이른바 메이지 유신이 그 계기였습니다. 그 시대가 표방한 '부국'과 '강병'이라는 두 이데올로기하에 일본 정부는 국토의 확대를 정당화하고, 주변 이웃에 대한 침략, 그리고 식민지화를 추진했습니다. 그렇게 일본은 제국 일본으로 변질되어 갔습니다.

이 책에서 말하는 제국 일본이라는 표현이 이른바 제국주의하의 일본과 다른 의미를 갖는 이유는 다음 두 가지를 중시하기 때문입니다. 하나는 일본 본토의 문제에 국한하지 않고 침략 통치를 전개한 동아시아, 동남아시아, 서태평양, 그리고 가라후토(현재의 러시아 사할린 주 남부), 일본의 위임통치령이었던 남양군도(현재의 미크로네시아 연방 일대), 즉 제국 전역의 문제로 보는 관점을 중시한 점입니다. 다른 하나는 군사적, 정치적인 점령통치 방식보다 이 책에서는 '대동아공영권'이라는 환상(幻想)의 공동체를 떠받드는 장치로서의 미디어와 저널리즘에 주목했다는 점입니다. 이 책에서는 제국 일본이라는 표현을 이러한 영역적, 이념적 이미지를 내포한 개념으로 사용했습니다.

또 한 가지 설명해 둘 점이 있습니다. 전체적인 내용을 볼 때, 한반도에 대한 설명이 적다고 느끼는 독자도 계실 것 같아 이에 관해 설명하려 합니다. 한반도는 고려와 조선을 아우르는 약 800년 동안 문화적으로 성숙하여 양반에 의한 확고한 신분제 사회에 기반한 문인·무인 교육이 이루어졌습니다. 그러한 문화적 성숙이 바탕이 된 사회였기 때문에 솔직히 말해, 제국 일본이 이민 일본인을 동원해 한반도 각지에서 실시한 경제, 문화, 교육, 기술, 이데올로기의 이식 작업은 아주 효율적이었습니다. 물론 그 사이에 많은 반일 운동이 일어났지만, 그럼에도 넓은 의미의 학교 교육과 사회 정책이 일정 정도 침투했다고(실상은 아주 달랐지만), 적어도 제국 일본 측은 이해했습니다. 이러한 제국 일본 측과 식민지 조선 측의 의식 차이는 불행하게도 전후에 이르러서도 여전히 지속되었지요.

한편, 같은 시기에 침략과 식민지화를 추진하던 대만과 만주, 중국 본토, 가라후토, 남양군도에서는 식민지화 정책과 이민 개간 정책이 동시에 추진되었습니다. 그런데 이들 지역에서는 현지의 문화적 차이, 지역사회의 문화적 성숙도 때문에 일단은 제국 일본의 이데올로기를 심는 작업을 중시했습니다. 그리고 이들 지역에서는 언어와 문자가 다양했기 때문에 이해하기 쉬운 시각 매체를 사용하는 것이 효과적이라고 인식했지요. 이 책이 시각 매체를 주제로 삼고 있기에 앞에서 설명한 지역사회의 성숙도 차이라는 이

유로 인해 한반도에 관한 기술이 적다는 사실을 이해해 주셨으면 합니다.

　이상과 같이 이 책의 취지는 제국 일본 시대의 영역적, 이념적인 이미지 형성 과정을 추적하는 것입니다. 하지만 이 책에서 다룬 시각 매체가 가진 프로파간다의 기능이 제국 일본의 붕괴와 함께 소멸하였다고는 물론 생각하지 않습니다. 오히려 정보가 넘치는 현대에는 스마트폰이나 PC를 통해 매일 진실과 거짓이 뒤섞인 방대한 시각 정보가 우리에게 전해지고 있습니다. 청소년뿐 아니라 고령자까지도 이러한 정보의 홍수 속에 휘말려 희비가 엇갈리는 감정을 맛보고, 때로는 국제 인식에서도 가짜 정보에 놀아나는 쓰디쓴 경험을 하고 있습니다. 이는 일본이나 한국만 그런 것이 아니라 세계적인 현상입니다.

일본의 고도이자 학문의 거점 도시인 교토에서

기시 도시히코

　제국 일본이란, 1890년(메이지 23년) 11월 29일에 시행된
"대일본제국 헌법" 시대의 일본을 가리킨다. 국토는 메이지
(明治, 1868~1912), 다이쇼(大正, 1912~26), 쇼와(昭和, 1926~89) 전
기에 이르기까지 현재의 약 1.8배에 이르는 면적을 보유했
는데, 동아시아뿐 아니라 사할린(현재 러시아 사할린 주) 남부
와 남양 군도(현재 미크로네시아 연방 일대)를 포함한 서태평양
까지 뻗어 있었으며, 남극에도 일본 영토가 존재했다.

　이러한 일본의 국토 확장은 청일전쟁, 러일전쟁, 제1차
세계대전 중의 일독전쟁(일본 대 독일 전쟁), 나아가 만주사변
을 통해 이루어졌다. 이들 전쟁은 영토 등의 권익 획득이 목
적이었기 때문에 단기간에 승패가 정해졌다. 그러나 얼마
가지 못해 일본은 중일전쟁과 이어진 태평양전쟁을 통해
약 8년에 걸친 총력전을 수행하면서 귀중한 인명을 수없이
잃고 결국 패배했다.

　총력전은 국민, 자원, 생산력을 모두 동원하는 전쟁을 말

한다. 이런 종류의 전쟁 목적을 달성하기 위해 기업, 단체, 조직은 재편, 통제되었고, 그 과정에서 문화와 사상의 전면 승리가 목표로 등장했다. 정부와 군부뿐만 아니라 언론계와 영화계도 이에 가담해 일본 국민(제국 헌법에 따르면 '신민(臣民)'이라고 써야 맞지만, 이 책에서는 국민으로 통일했다_저자)이 수용할 수 있을 법한 정치선전 및 전쟁 보도—이 책에서는 폭넓게 프로파간다로 정의했다—를 선보이며 전쟁열(熱)을 고무했다. 일본 국민은 통제와 검열에 얽매인 사회 속에서 오로지 '전승(戰勝) 신화'만을 믿으며 전쟁의 속행을 지지했고 오랜 싸움을 지속한 것이다(가토 요코加藤陽子, 《그럼에도 일본은 '전쟁'을 선택했다》, 2009).

제국 일본은 어떻게 프로파간다에 사로잡혔으며 '전쟁열'을 계속 유지할 수 있었을까? 국내외를 향한 이미지 조작은 어떤 식으로 이루어졌을까? 단서는 19세기 말에 시작된 '시각적 보도'이다.

근대 일본의 역사를 살펴보면, 막부(幕府) 말기에 이미 시각적 보도가 탄생했었다. 알려진 바에 따르면, 시각적 보도는 가와라반(瓦版)[1]이나 니시키에(錦繪)[2], 나아가 가부키(歌舞

---

* 각주는 이해를 돕기 위해 역자가 달았으며, 저자 주와 편집자 주는 따로 표기했다.
1) 에도 시대부터 메이지 시대에 걸쳐 출판된 서민용 정보 인쇄물
2) 일본 근세 회화를 대표하는 우키요에(浮世繪)의 하나로, 18세기 중반에 확립된 다색 목판화. '교토의 비단만큼이나 아름다운 그림'이라는 뜻으

伎) 등 대중 예능을 통해 이루어졌다. 특히 목판 인쇄 매체는 서민들이 즐겨 찾는 정보원이었다.

이어지는 메이지 시대에는 석판 인쇄물(리토그래프)과 콜로타이프 인쇄 같은 기술이 발달했다. 특히 청일전쟁 시기(1894~95)에 불어닥친 니시키에의 재유행은 주목할 만하다. 채색이 현란한 니시키에를 통한 전쟁 보도는 석판 인쇄를 이용하면서 대량 인쇄가 가능해져 일본 국민에게 강렬한 이미지를 심어주는 동시에 '전쟁열'을 부추기는 계기를 제공했다. 또 러일전쟁 시기(1904~05)에 등장한 사진은 동판 사진 제판(포토에칭) 등의 기술을 이용했는데, 제1차 세계대전 시기(1914~18)에 신문과 잡지, 그림엽서, 환등기에 이용되면서 주요 시각 매체로서 지위를 굳혔다.

또 하나 잊어서는 안 되는 뉴미디어가 활동사진, 즉 영화다. 영화는 20세기 초 영화관 건립 붐을 타고 일본 전역에 보급되었다. 1930년대 활동사진은 음성과 융합된 유성 필름으로 거듭나면서 서민들의 최대 오락거리로 부상했다. 영상과 음성이 빚어내는 현장감과 오락성은 과거의 매체와는 비교할 수 없는 것이었다. 중일전쟁 시기에 일본 국민은

로, 세밀하고 미묘한 색조 표현이 특징이다. 니시키에에 이르러 우키요에의 목판화 기법이 완성되었기에 니시키에는 종종 우키요에와 동의어로 쓰인다.

뉴스 영화와 군사 영화에 취해 정부와 군부가 추진하는 국가 프로파간다에 따라 총동원 체제, 특히 징병제와 군수 동원을 받아들였다.

물론 프로파간다를 통한 여론조작이 일본만의 특기는 아니다. 이 책에서 각국의 선전술과 시각 매체가 수행한 역할에 관해서도 소개한다. 주로 제국 일본과 대치한 중국(청, 중화민국), 러시아, 미국의 시각 매체에 대해 다룬다.

청일전쟁 시기에 일어난 '전쟁열'은 그 후 어떻게 고양되었는가? 중일전쟁이 시작된 1937년 이후, 통제와 검열이 강화된 사회에서 국가 프로파간다는 어떻게 첨예해졌는가? 그 과정에서 정부와 군부, 언론계가 수행한 역할과 시각 매체의 효과는 어떠했는가? 그리고 제국 일본의 확대와 함께 선전술은 어떻게 제국 구석구석까지 침투했는가?

이 책에서는 다양한 시각 매체를 소개하면서 청일전쟁 시기부터 태평양전쟁 직후 미군정이 일본을 점령 통치한 시기에 이르는 50여 년간, 특히 일본 정부와 군부, 언론계, 국민이라는 삼자 관계를 바탕으로 프로파간다의 주체가 어떻게 변했는지를 추적하고자 한다.

차 례

contents

1장

전쟁과 선전

제국 일본의 공간 이미지

태평양전쟁이 끝난 지 80년 가까운 세월이 흘렀다. 전후 세대가 압도적 다수를 차지하는 현대에서는 20세기 중반까지 존재했던 제국 일본의 이미지가 불명확해진 지 오래다. 그래서 본론에 들어가기 전에, 제국 일본의 권역에 대해 '권두화 4'의 괘도 〈창간 등면적 대동아공영권도〉를 보면서 확인해 두려 한다(사토佐藤 향토지도연구소, 1941).

① 대만과 한반도는 제국 일본의 식민지가 되었다.
   대만은 청일전쟁 후에 체결된 시모노세키 조약, 한반도는 1910년에 이루어진 한일합병 조약에 따른 결과다.
② 사할린(현재 러시아 사할린 주)의 남부는 제국 일본의 식민지가 되었다.
   1905년 러일전쟁 후에 체결된 포츠머스 조약에 따

른 결과다.

③ 중국 동북부 랴오둥(遼東) 반도 일대는 제국 일본의
조차지가 되었다.

사할린과 마찬가지로 포츠머스 조약에 따라 일본
의 조차지가 되었으며, 관동주(關東州)가 설치되었
다. 이때 남만주철도주식회사(만철)가 경영하는 연
선 지역(선로 부속지)에도 조차지에 준하는 배타적
행정권이 설정되었다.

식민지는 점령한 땅이지만, 조차지는 임차한 지역이다.
만철 부속지도 조차지에 준한다. 위 ①~③의 경위는 역사
개설서에서도 흔히 볼 수 있다. 그러나 아래 지역에 대해서
는 어떠한가?

④ 1912년에 남극 탐험가 시라세 노부(白瀨蠢) 등이 남
극 빙원에 일장기를 꽂고 주변 전체 지역을 '야마토
설원'으로 명명하며 제국 일본의 영유를 선언했다.

⑤ 구 독일령이던 남양 군도(현재 미크로네시아 연방 일
대)는 제1차 세계대전 후에 체결된 베르사유 조약
에 따라 제국 일본의 위임통치령으로 국제적 승인
을 받았다.

⑥ 남중국해에서 영토 문제가 일어난 난사(南沙) 제도
(옛 신난新南 군도, 영어명 스프래틀리Spratly)와 서사(西
沙) 제도(영어명 파라셀Paracel)는 프랑스와 영유권을
다투다가 중일전쟁 중인 1939년에 제국 일본의 영
토가 됐다.

이들 지역에 관한 내용은 생소한 탓에 그런 사실을 되짚
는 일조차 드물다. 어쨌든 제국 일본의 공간은 이토록 광대
한 지역에 이르렀다.

제국 일본의 붕괴

56여 년간 이어진 제국 일본은 1947년 5월 2일, "대일본
제국 헌법"의 실효와 함께 무너졌다. 그러나 그 영토를 상실
하기까지는 시간이 좀 더 걸렸다.

1951년 9월 8일에 일본 측 전권대표 요시다 시게루(吉田 茂)
총리 등이 조인한 샌프란시스코(San Francisco) 평화조약*에

---

* 제2차 세계대전에서 패한 일본과 연합국이 샌프란시스코에서 체결한
강화조약의 명칭이다. 항복을 선언한 일본에 관한 뒤처리, 그리고 미국
의 점령통치를 마무리하기 위한 강화회의가 1951년 9월 8일 미국 샌프
란시스코에서 열렸고, 여기에서 일본 대 미국 등 48개국 사이에 이 조약
이 체결되었다. 이 조약은 다음해인 1952년 4월 28일에 발효되었고, 이
로써 일본이 국제 사회에 복귀하고 주권을 회복하게 되었다._편집자

서 일본 정부는 주권을 회복하는 대신 ①~⑥ 지역의 모든 권리, 권한 및 청구권을 포기한다는 사실을 명문화하였다. 그러나 이후 각국과 개별 협상을 거쳤어도 북방 4도(쿠릴열도)의 귀속 문제나 조선민주주의인민공화국과의 평화협정 체결 문제처럼 아직 해결의 실마리조차 찾지 못한 사례가 남아 있다.

태평양전쟁 후에 태어난 일본인들은 이런 광활한 영토를 상실하기 이전의 제국 일본을 상상하기 어렵다. 실제로 필자는 러시아 사할린 주 남부와 서태평양 팔라우공화국에 조사차 갔다가 눈앞의 사적이나 전적이 과거 제국 일본의 일부를 구성했었다는 것을 실감할 수 없어(그림 1-1·1-2) 위화감을 안고 귀국한 기억이 있다.

그렇다면 종전 직후 일본 국민의 보편적인 정서는 어떠하였을까? 아사히(朝日)신문사가 1951년 9월에 실시한 본사 여론조사에서, 이러한 영토 축소에 대해 패전 후라는 점을 고려하더라도 11%만이 '불만족스럽다'고 답했다(《도쿄아사히》, 1951. 9. 20). 다시 말해, 당시의 일본인들도 지도책에서나 봤지, 제국 일본의 영역 전체를 일본으로 인식하거나 그곳에 사는 사람들과 '일본이라는 사실'을 공유했다고는 볼 수 없는 것이다.

그림 1-1 옛 사할린 청사(2014. 9, 필자 촬영)

그림 1-2 옛 남양청 팔라우 지청 청사(2020. 2, 필자 촬영)

프로파간다(선전)의 주체

19세기 말 이후, 프로파간다는 '선전' 또는 '홍보'로 불렸다. 선전은 정보의 전달뿐만 아니라 적대세력에 대한 자국 여론을 통제하는 수단이며, 일종의 사상전으로 이해된다(바라크 쿠슈너Barak Kushner, 《사상전─대일본제국의 프로파간다》, 2016). 청일전쟁 이후 약 50년간, 전쟁 구역이 확대되고 시각 매체의 역할이 변화하는 가운데 제국 일본의 프로파간다를 담당한 주체는 무엇이었는가?

이 책은 1890년대 이후 약 10년마다 변화한 프로파간다(선전)를 살피며 허식으로 얼룩진 전쟁의 '민낯'을 파헤친다. 그러기 위해 우선 일본의 프로파간다가 어떻게 변했는지 간략히 정리해 본다.

【1890년대~1900년대】 1889년에 "대일본제국 헌법"이 공포되면서 근대국가를 표방한 메이지 정부와 근대 저널리즘은 함께 그 싹을 틔우기 시작했다. 메이지 정부가 최초로 일으킨 대외 전쟁은 청일전쟁, 그리고 러일전쟁이었다. 전쟁 구역은 한반도, 만주 남부, 산둥 성(山東省) 일부였으며, 대만에도 전화가 미쳤다.

이 시기에 유행한 니시키에와 그림엽서는 전황을 가시화

하는 매체로서 민중의 마음을 사로잡았고, '전쟁열'을 고양
했으며, 국가와 민중의 집단 기억(commemoration)을 자극
하는 역할을 했다. 이 무렵, 대전국인 청에서는《점석재화보
(点石齋畫報)》같은 석판 인쇄 그림이 들어간 신문이 나왔고,
러시아 제국에서는 루복(lubok, 복수형은 lubki)이라는 다색
석판 인쇄로 찍어낸 민중 판화가 보급되었다. 이들 모두 '전
쟁열'을 부추기는 역할을 했다(2장, 3장).

【1910년대】 프로파간다의 역사를 세계적으로 볼 때,
1910년대는 획기적인 시기였다. 독일은 대중 동원을 목표
로 프로파간다를 실시했고, 미국은 국민을 유도하는 심리
술을 개발했다. 이러한 국가 주도의 온갖 수법에 의해 프로
파간다라는 용어는 점차 정치 이데올로기를 선전하는 개념
으로 통용되었다. 일본에서도 외무성 정보부가 프로파간다
연구를 시작했다.

제1차 세계대전이 시작된 1914년, 일독전쟁이 발발했다.
전쟁의 불똥은 한반도 바다 건너에 위치한 산둥 성의 오지
지난(濟南), 그리고 독일령 남양 군도에까지 튀었고, 제국 일
본은 독일과 교전을 계속했다.

이 시기에 민중 판화를 이용해 정보를 전달하는 방식은
막을 내렸고, 그 대신 등장한 것이 사진이었다. 언론계는 당

시 한창 보급되던 사진을 활용해 현지 상황을 사실적으로 전달했다. 또 영화도 국민의 마음을 사로잡기 시작해 '전쟁열' 고양에 일조했다(4장).

【1920년대】 태평양의 동과 서에서 제국 일본의 팽창에 대한 반발이 일어난다. 미국에서는 일본 위협론이 등장해 1924년에는 배일(排日) 이민법이 시행되었다. 이를 계기로 일본 국내에서는 반미운동이 활발해진다. 그 4년 후에는 중국에서 산둥 출병 사건이 일어나고 불평등조약 파기, 일본 화폐 배척 등을 구호로 내건 반일운동이 발발했다.

1920년대에 일어난 반일운동의 고조를 계기로 정부와 언론계의 관계는 변화한다. 정부는 신문과 라디오 방송에 프로파간다의 역할을 기대했고, 그것이 점차 발전하여 언론계는 정부가 부과한 정치 이데올로기 선전을 담당하는 역할까지 떠맡게 된다. 또 이 시기에, 영화는 집단 기억의 형성에 공헌하게 된다(5장).

【1930년대 전반】 제국 일본을 뒤흔든 두 사건이 발발한다. 하나는 대만에서 일어난 원주민 봉기(우서霧社 사건)이고, 다른 하나는 만주에서 퍼진 반중국 국민당을 염두에 둔 관동군의 모략이다(만주사변과 러허熱河 사건 등). 각 신문사는 경

쟁적으로 많은 특파원을 중국에 파견했다. 그들은 자유롭게 취재할 수도 있었지만, 타사를 이기려면 각 사단, 연대, 부대와 연계해서 취재하는 편이 유리했다. 비행기를 타고 찍은 공중 촬영이 그 대표적인 결과물이다. 이 시기에 맺어진 군부와 언론계의 밀월 관계는 일본 국민을 전쟁에 끌어들이는 계기가 된다. 일본 국민은 그 두 사건의 보도를 보며 전선을 실시간으로 체험하듯 전황 정보를 얻었고 당사자 의식을 높였다(6장).

【1930년대 후반】전쟁 구역이 만주에서 중국 연안 및 양쯔강 유역으로 확대되면서 8년여에 걸친 중일전쟁은 헤어날 수 없는 곤경으로 치달았다. 중국의 전황이 치열해지자 정부와 군부는 검열과 통제를 통해 신문사 및 영화계와의 관계를 강화했다. 박람회 개최마저 효과적인 프로파간다 수단으로 도입되며 국가 프로파간다는 절정기를 맞는다. 언론계와 영화계도 '국민정신총동원'의 이념을 받들어 전황 사진과 스크린을 활용해 국민에게 전쟁을 선전한다. 또 아사히신문사도 창사 이래 고수하던 논조를 크게 전환해 군부를 추종하는 사론을 게재하게 된다.

이러한 전쟁 프로파간다의 배경에는 '만몽 문제'를 계기로 1938년에 시행된 국가총동원법이 있었다. 아사히신문사의 스톡 사진 '후지 창고 자료'를 보면 이 시기에 시각 매체가 '국가 총동원 체제'를 형성하는 데 영향을 미쳤음을 알수 있다(7장).

【1940년대 전반】1941년 11월, 각료회의의 결정에 따라 각 신문사는 국책에 협력하고 국가 목적에 따르게 되었다. 이들은 국가 프로파간다 전략 아래에서 정보 선전 기관과 하나가 된다. 취재와 보도의 주체는 육군 및 해군 보도반이었고, 뉴스 검열도 강화되었다. 이렇게 해서 대본영의 전황 발표가 최우선시되었고, 근거 없는 전쟁 보도는 '패전' 때까지 이어진다.

각료회의 다음 달(1941년 12월)에 일어난 태평양전쟁으로 인해 제국 일본의 전쟁 구역은 중국에서 동남아시아, 서태평양으로 확대되었다. 전쟁 구역이 확대되자 제국 일본은 모든 인적, 물적 자원을 전쟁 목적에 맞추어 효율적으로 운용할 수 있도록 통제와 검열을 한층 강화했다. 중일전쟁 발발 시기와 비교해 상황은 극심하게 변했으며, 엄습하는 공습과 기아 속에서 일본 국민은 급격히 궁지에 몰리게 된다(8장).

【1940년대 후반 이후】제국 일본은 모든 것을 소모하고 '패전'했다. 일본을 통치할 권한은 GHQ(연합군 총사령부)의 손에 넘어간다. 제국 일본을 지탱하던 매체 통제와 검열은 폐지되었다. GHQ는 태평양전쟁 시기에 프로파간다 전략을 담당했던 정보국을 비롯해 동맹 통신사와 일본방송협회, 일본출판회 등의 통제 조직을 해산했다. 한편, 국내 신문사에 그것을 명하지는 않았으나, 언론계를 점령 통치의 프로파간다 전략에 서서히 끌어들였다.

이렇게 GHQ가 태평양전쟁 중에 미국이 쓰던 소프트한 프로파간다 전략, 즉 심리전을 점령 통치에까지 교묘하게 이용한 덕에 태평양전쟁 후의 반미 기운은 제한적이었다. 다만, 일본 본토의 '전후 복구'와 분리되어 미군의 실질적인 군정이 시행된 오키나와에서는 전혀 다른 대미 감정이 형성되었다(9장).

과거와 현재, 시각 매체는 어떤 식으로 사람들의 마음을 흔들었을까? 19세기 말 이후 사람들은 어쩌다가 정보의 신빙성을 검증하지 않고 국가 프로파간다를 추종하게 되었을까? 가짜뉴스가 판을 치는 포스트 트루스(탈진실)의 시대라고 진단되는 현대에 살아가는 우리는 더더욱 과거사의 전철을 밟지 않기 위해 어떻게 해야 할지 고민해야 한다.

그럼 이제 제국 일본의 프로파간다를 실행한 주체를 찾기 위해 1890년대 청일전쟁 시대부터 살펴보기로 하자.

청일전쟁 시기

—판화 보도의 유행(1890년대)

청일전쟁 시기(1894~95), 석판화와 콜로타이프 등 판화 기술이 진보함에 따라 설 자리를 잃어가던 니시키에는 보도 분야로 눈을 돌렸고, 그 결과 대량의 '전쟁 니시키에'가 시장에 나돌았다. 이미 쇠락의 길을 걷고 있던 니시키에 업계는 인쇄 기술의 변화 속에서 마지막 전성기를 맞는다. 판화가 보도 매체로 이용되자 나라 밖 전쟁에 냉담했던 서민들은 순식간에 '전쟁열'에 빠져들었다.

이 같은 상황을 부채질한 또 하나의 매체가 있었으니 훗날 20세기를 장악하는 뉴미디어로 부상한 사진이다.

사진 기술을 응용해 동판 면에 인쇄판을 제작하는 기술이 개발되면서 사진은 대량 인쇄가 가능해진다. 다만, 이 시기의 사진은 새로운 기록 매체로 쓰였을 뿐, 니시키에만큼의 영향력은 없었다.

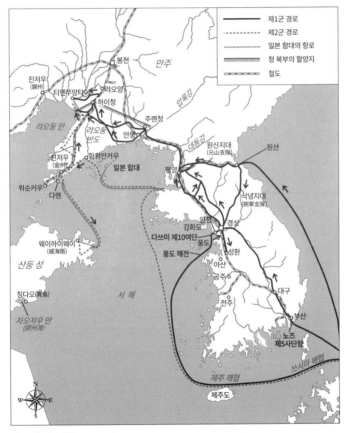

지도 청일전쟁(1894~95)

	범례
	제1군 경로
	제2군 경로
	일본 함대의 항로
	청 북부의 할양지
	철도

봉천

만주

진저우
(錦州)

티엔좡타이

랴오양

하이청

압록강

주롄청

랴오둥 만

랴오둥
반도

안둥

대동강

원산지대
(元山支隊)

원산

진저우
(金州)

화위안커우

일본 함대

평양

뤼순커우

다롄

웨이하이웨이
(威海衛)

삭녕지대
(朔寧支隊)

산둥 성

강화도

인천

경성

다쓰미 제10여단

풍도

서 해

풍도 해전

성환

칭다오(靑島)

아산

자오저우 만
(膠州灣)

공주

대구

전주

부산

노즈
제5사단장

쓰시마 해협

제주 해협

제주도

2장 청일전쟁 시기 **37**

1. 전쟁과 호흡을 같이한 제국 일본의 미디어, 연극

'전쟁 니시키에'의 등장

청일전쟁은 제국 일본이 무력 충돌을 경험한 최초의 대외 전쟁으로 일본, 청, 조선의 관계에 심대한 영향을 미쳤다. 전쟁의 직접적인 계기는 1894년 1월에 한반도 남부에서 일어난 동학농민운동에 청일 양국이 파병한 것이었다. 전투지는 한반도를 기점으로 청의 연안 지역을 아우르는 서해, 랴오둥 반도, 산둥 반도로 이어지다가 펑후 제도와 대만 본토로까지 확대되었다. 이 전쟁으로 동아시아의 정치 공간이 크게 달라지게 되었다.

청일전쟁은 제국 일본과 청의 언론계에 더할 나위 없이 좋은 먹잇감이었다. 양국의 언론계와 출판계는 앞다퉈 전황을 쫓고 속보를 내보냈다(쓰지 지하루辻千春, 2011). 파견 기간에 차이는 있지만, 일본에서는 100명이 넘는 종군기자, 11명의 화가와 화공, 4명의 사진사가 파견되었다고 한다(참모본부 편, 1904). 일례로《지지(時事) 신문》은 아사이 주(浅井忠), 안자이 나오조(安西直蔵), 아사이 가이이치(浅井魁一) 등의 화가와 사진사로 구성된 '화보대'를 파견했고,《고쿠민(國民) 신문》은 일본화 화가인 구보타 베센(久保田米僊), 베사이

(米斎), 긴센(金僊) 부자를 종군 화가로 파견했다(오타니 다다시 大谷正, 후쿠이 준코福井純子 엮음,《그려진 청일전쟁》, 2015).

전쟁 니시키에에는 전쟁 저널리즘을 책임진 사람들의 모습도 등장한다. 예를 들어, 고바야시 기요치카(小林淸親)의 '권두화 1'에는 사진사가 보이고, 미즈노 도시카타(水野年方)가 그린 '권두화 2'에는 구보타 베센, 긴센 부자, 신문사 특파원 여럿이 보이고, 우키요에 작가인 4대 우타가와 구니마사(歌川国政)*의 장남 고구니마사(小国政, 5대 우타가와 구니마사)가 그린 '그림 2-1'에는 신문 기자(왼쪽 아래 구석)가 보인다.

청일전쟁에 가장 먼저 열광한 이는 계급 몰락의 패배감을 씻을 기회로 받아들인 무사 계급 출신자, 그리고 전쟁을 진보(문명)를 위한 싸움으로 이해한 후쿠자와 유키치(福沢諭吉), 우치무라 간조(内村鑑三) 등의 지식인들이었다. 당초 일반 서민들은 이 전쟁에 그다지 관심을 두지 않았는데, 이들의 관심에 불을 지핀 것이 석판 인쇄를 통해 대량 발행된 전쟁 니시키에였다(후지무라 미치오藤村道生, 1992).

* 일본에는 선대의 개인명을 계승하는 관습이 있는데, 이를 '습명襲名' 또는 '이에모토家元'라고 한다. 일본의 가부키 등 전통 예능, 그리고 다도·꽃꽂이·그림 등의 분야에서는 세대를 이어 그 직의 연속성, 직능 수준을 유지하고 있음을 인정하는 자격이 있는 후계자에게 이름을 잇게 해준다. 몇 대 누구, 몇 대 누구라고 불리는데, 이 이름이 권위, 전통, 개인의 기술을 인정하는 보증인 것이다. "4대 우타가와 구니마사"는 '우타가와 구니마사'라는 이름을 네 번째로 이은 계승자임을 말한다._편집자

그림 2-1 고구니마사, 〈조선 평양성을 함락한 아군 대승리〉

한편, 청에서도 일반 서민들은 이 전쟁에 관심이 적었는데 상하이에서 발행된 《점석재화보》(1884년 창간)라는 그림 신문의 화보가 석판 인쇄를 통해 대량 유통되면서 사람들의 시선을 끌었다.

유럽에서도 청일전쟁 전선에 기자를 파견했다. 세계 최초의 그림 신문인 《일러스트레이티드 런던 뉴스(The Illustrated London News)》에는 특파원들이 함께 밥을 먹는 광경을 묘사한 석판화가 실렸다(1894. 9. 29). 청불전쟁(1884~85)이 종결된 지 불과 10년 만에 발발한 전쟁에 영국과 프랑스는 큰 관심을 쏟았다. 사람들이 신문과 잡지의 시각적 전쟁 보도를 원했던 것이다.

다만, 나중에 설명하겠지만, 제국 일본 및 청의 전쟁 보도와 유럽의 전쟁 보도는 조금 다른 양상을 보였다.

니시키에 업자들의 환호성

청일전쟁은 1894년 7월 25일, 한반도 서해안의 아산만에서 일어난 풍도 해전을 시발로 청일 간 최초의 육지전인 아산, 성환 전투로 이어졌다. 그러나 청일 양국이 정식으로 선전포고한 것은 이로부터 약 일주일 뒤인 8월 1일이었다. 선전포고도 하기 전에 전투를 개시한 이 사례는 훗날 일본의 나쁜 본보기가 된다.

에도 시대 때부터 명맥을 이어오던 니시키에와 새로운 매체인 신문은 당시 치열한 각축전을 벌이고 있었다. 선전 포고 당일인 8월 1일, '신문 검열 긴급 칙령'이 공포되었다. 이로써 외교, 군사에 관한 사건을 신문이나 출판물(각본 포함)에 게재하려 할 때는 행정청 또는 내무대신의 검열 허가를 받아야 했다.

그러나 니시키에의 경우, 검열하는 데 시간이 걸리면 판매에 지장이 생기기에 관련 업계가 내무성에 출판 여부를 신속히 결정해 달라는 요청서를 제출했다. 결국, 걸열하는 데 통상 일주일 정도 걸리던 것이 그날 바로 검열 결과를 받아볼 수 있게 바뀌면서 속보성을 보장할 수 있게 되었다(《요미우리 신문》, 1894. 8. 1;《도쿄아사히》, 8. 3).

니시키에 업자들과 당국의 줄다리기를 거쳐 8월 9일경에는 세이난 전쟁(西南-, 1877)의 니시키에로 평판이 높아진 요슈 지카노부(楊洲周延)의 〈오토리 게이스케大鳥圭介 공사의 대한제국 조정 참내도〉[1]가 도쿄 시 니혼바시 구에 있었던 그림책 판매상 쓰지오카 분스케(辻岡文助)를 통해 판매된다(《도

---

1) 이어지는 니시키에 석 장이 한 세트를 이룬 오쿠비에(大首繪, 상반신을 묘사한 인물 판화) 작품으로, 판형은 대판(大判, 26cm×39cm)이다. 오토리 게이스케는 1894년에 조선에 왔다.

쿄아사히》, 1894. 8. 4). 쓰지오카의 판매 전략이 먹히면서 전쟁 니시키에의 판매 경쟁은 시작되었다.

또 이 시기에는 유리판을 이용하는 콜로타이프 인쇄[2]나 동판을 이용한 망판(網版) 인쇄[3]라는 새로운 기술을 이용한 전황 사진도 등장했다. 그 첫 사례가 7월 25일 풍도 해전에서 나포된 청나라 군함 조강(操江)호의 사진이다. 이는 도쿄 시 교바시 구 히요시초에 있었던 오가와(小川) 사진 제판소에서 제판되어 아카사카 다메이케(赤坂溜池)의 마쓰자와도(松澤堂)에서 발매되었다. 이 같은 전황 사진을 실은《청일전쟁 실기》(하쿠분칸博文館, 1894~96)는 유례없는 판매 실적을 올렸다고 한다(오카무라 시가코岡村志嘉子, 2012). 그러나 당시의 사진은 전함과 군대의 모습을 시간의 흐름에 따라 정적으로 기록하는 데는 효과적이었지만, 아주 가까이에서 전투 장면을 찍기에는 기술적인 문제가 있었다. 그래서 청일전쟁의 역동성을 묘사하는 면에서 화공이나 화가를 능가할 수는 없었다고 평가받는다.

전쟁 니시키에는 어땠을까? 발매되는 거점은 도쿄 시 니

---

2) 평판인쇄의 한 방식으로, 유리판 표면에 젤라틴을 칠하고 그 위에 감광제를 칠하여 작업하는 인쇄법이다. 영상을 점으로 분해하는 망판을 쓰지 않으므로 이미지를 정밀하게 복제할 수 있다.
3) 망판(網版) 인쇄는 감광액을 바른 동판에 미세한 망점을 새긴 음화를 밀착한 뒤 부식시킨 망판을 이용하여 인쇄하는 기법이다.

혼바시 구 주변이었다. 놀랍게도 청일전쟁의 전투가 시작되고 불과 2주일 만에 모든 그림책 판매상에서 수십 종의 니시키에를 판매했다. 개중에는 하루 최대 인쇄량인 1배(니시키에 200장을 1배杯라고 부른다)보다 많은 30배나 판매한 업자도 있었다. 또 니시키에 업자 중에는 전쟁 니시키에를 팔아서 1만 엔부터 많으면 10만 엔 이상까지 벌어들인 이가 있었다고 하니 놀라울 따름이다(《요미우리》, 1894. 8. 14). 당시 대판 니시키에의 가격은 석 장짜리 한 세트에 고작 6전(1엔은 100전)이었다. 그런 만큼 전쟁 니시키에를 파는 그림책 판매상의 이익은 상상을 초월할 정도였음을 알 수 있다.

전쟁 니시키에가 날개 돋친 듯이 팔려나가던 무렵, 전시 상황에서 군부나 정부의 발주를 받는 동판화 직공, 마구 직공, 가방 직공, 짚신 가게, 안경점, 운송점, 도검상 같은 업자들도 이례적인 호황을 누렸다. 반대로 전시 중 절약 풍조로 인해 만담 공연장, 놀잇배 술집, 찻집, 음식점, 인력거꾼, 포목점, 헌 옷 가게, 전당포는 파리를 날리는 신세였다(《도쿄아사히》, 1894. 8. 22). 전쟁 발발을 계기로 19세기 말 도쿄 시의 모습은 완전히 변해버렸다.

니시키에 업자들의 환호성 뒤에는 비명도 있다. 질 낮은 물건을 마구 만들어내는 행태는 대량 생산의 숙명이었다. 군 관계자는 니시키에 화공들의 묘사에 오류가 많다고 끊임없이 지적했다. 예를 들어, 8월 27일 자《요미우리》에 게재된 '청일전쟁 니시키에에 관하여'라는 글에는 다음과 같은 내용이 포함되어 있다(현대문으로 수정).

> 청군 병사의 군장이 여름인데 동복이거나 무기로 삼국시대 칼과 창을 그려 넣은 사례를 볼 수 있다. 그 외에도 육지와 바다의 전투 모습은 상상이 지나쳐 참으로 부아가 치민다. ……청의 화가들은 사정을 몰라 그림이 사실을 심하게 왜곡하여 비웃음을 샀는데, 돌아보건대 오늘날 아즈마 니시키에(東錦絵)[4]를 그리는 화가들을 보면 정세를 이해하지 못한 채 그들과 같은 실수를 저지르고 있으니 실로 놀라운 일이다.

청의 화공들이 전투 장면에서 청의 군사를 상상으로 그리는 것과 마찬가지로 일본인 화가들도 공상화를 그리고 있다는 불만이었다.

이러한 공상 니시키에의 사례는 실제로 많이 찾아볼 수 있다. 예를 들어, 1894년에 그림책 판매상인 아야베 한지로(綾部半次郎)가 출판한《청일전쟁 니시키에 화첩》에도 다음과 같은 오류가 보인다.

---

4) 니시키에와 같은 말

당시 상비 보병연대의 군기는 금색으로 테두리를 장식하고 삼면에 보라색 술을 달아놓은 양식이었는데, 해당 니시키에에는 구식 육군 국기가 그려져 있다. 청군 병사들도 전쟁터에서는 있을 수 없는 화려한 군장을 착용하고 있다. 애초에 청군은 팔기(八旗), 녹영(綠營) 같은 정규군과 상용(湘勇), 회용(淮勇) 등 지역에서 조직된 군대의 연합체였기 때문에 군장과 군비는 통일되어 있지 않았다.

전쟁 묘사의 정확성에 대한 요구가 커지자 사진이 그림의 역할을 대신하기 시작했다. 《도쿄아사히》의 부록(일종의 호외)에 처음 사진이 게재된 것은 1894년 6월 16일이다. 또 하쿠분칸(博文館) 출판사에 큰 성공을 가져다준 《청일전쟁 실기》는 새로운 권두 사진이 독자의 관심을 끌어 매호 5~6만 부 정도 발행되었다고 한다. 당시로서는 경이로운 판매세였다.

니시키에와 신구 연극의 만남

전쟁 니시키에 중에는 신구(新舊) 전쟁물 연극의 상연 포스터도 있었다. 여기서는 서생 연극이라 불리던 신파극을 창시한 가와카미 오토지로(川上音二郎)의 활동과 관련해 언급하려 한다. 가와카미는 머리에 띠를 두르고, 몸에는 갑옷

위에 입는 진바오리를 걸치고, 손에는 일장기가 그려진 부채를 들고 나와 서생 연극의 막간에 정치, 사회를 풍자하는 '오페케페부시'라는 노래를 부른 것으로 유명한 인물이다.

그런데 가와카미 일행이 프랑스를 방문하고 돌아온 직후, 그들은 다른 극단보다 먼저 청일전쟁을 주제로 한 공연을 올렸고, 그 공연이 흥행에 대성공함으로써 명성을 얻었다는 사실은 널리 알려지지 않았다. 〈장렬 유쾌 청일전쟁〉의 초연은 1894년 8월 31일 아사쿠사 극장(浅草座)에서 이루어졌다. 연극은 베이징에서 청군의 포로가 된 일본인 신문기자 두 사람이 청의 중신 이홍장(李鴻章)의 면전에서 격론을 펼친다는 기상천외한 내용이었다. 이때는 아산, 성환 전투의 기억이 선명한 시기였다. 바다 건너에서 벌어진 전쟁과 딱 맞아떨어지는 내용이 관객의 흥미를 제대로 끌었다. 9월 20일 자 《요미우리》는 "근래 없는 호경기에 첫날 이후 매진되지 않는 날이 없으며 가와카미의 자자한 명성이 해외로도 전해지는 모양새"라고 보도했다. 아사쿠사 극장에서 대성공을 거둔 가와카미 일행은 10월에는 요코하마와 히로시마에서도 같은 작품으로 순회공연을 했다.

청일전쟁을 소재로 한 연극용 전쟁 니시키에는 지금도 몇 점이 남아 있다. 상연 둘째 날에 발매된 것이 '그림 2-2'의 니시키에(3대 우타가와 구니사다인 고초로香朝楼가 그림)이다.

그림 2-2 고초로, 〈가와카미 연극 청일전쟁〉

그림 2-3 고초로, 〈하루키극장의 신교겐 일본 대승리〉

그는 '고초로' 외에 '호사이(豊齋)'라는 호로도 알려진 유명한 화가로, 가와카미 일행의 연극을 위해 니시키에를 여러 차례 그렸다.

가와카미 일행이 파격적인 성공을 거둔 데 영향을 받아서인지 전통적인 가부키 업계에서도 전쟁 교겐(狂言)을 상연하기 시작했다. 3대 구니사다는 하루키 극장에서 열린 가부키 교겐(1894. 9)을 위해 '하루키좌 신교겐 일본 대승리'라는 니시키에도 그렸다(그림 2-3). 다만 전술했듯이 여기에는 잘 못된 구식 군기가 그려져 있고, 후쿠시마 야스마사(福島安正) 중좌 역의 4대 나카무라 시칸(中村芝翫)의 군복은 예복이며, 청군 병사는 상관용 모자를 쓰고 있어 전체적으로 기묘하다. 그러나 세이난 전쟁 때 가부키 교겐이 관객의 마음을 훔 쳤던 것과 달리(우메타다 미사埋忠美沙, 2016) 청일전쟁 관련 교겐은 큰 관심을 끌지 못했고, 급기야 연말에 이르러 관련 기획은 자취를 감추었다(오카모토 기도岡本綺堂, 1935).

가와카미는 〈장렬 유쾌 청일전쟁〉의 순회 상연을 마친 뒤, 전쟁 중이었음에도 연극 소재 수집을 구실로 경시청에 한국 방문을 신청해 허가를 받아낸다. 가와카미 일행은 총 중량이 약 1톤이었다는 대형 어둠상자(사진기) 등의 촬영 용구를 손수레에 싣고 한반도의 진주, 대구, 문경, 경성, 인천항을 거쳐 대동강에 상륙했다. 평양성을 지나 청으로 들어간 그들은 압록강 변의 주롄청을 향했고, 주롄청 부근을 시찰할 때는 청군 병사들이 버리고 간 의복, 도검, 깃발, 군모 등을 수집했다. 실로 고생스러운 전적 취재였다.

이들은 일본에 귀국한 후 얼마 지나지 않은 11월 29일부터는 도쿄 이치무라 극장(市村座)에서 당시 수집한 이들 군용품을 이용해 새롭게 〈가와카미 오토지로 전장 견문 일기〉를 상연해 박수갈채를 받았다. 3대 구니사다는 이 서생 연극을 위해서도 여러 점의 니시키에를 그렸다.

왕세자(훗날 다이쇼大正 일왕)도 〈가와카미 오토지로 전장 견문 일기〉의 소문을 듣고 12월 9일 우에노에서 열린 '도쿄시 제1회 전승 축하회'에 참석하는 길에 가와카미 일행의 특별 상연을 관람했다고 한다. 3대 우타가와 구니사다의 장남인 고쿠니마사가 당시 왕세자의 모습을 니시키에에 남겼다.

이처럼 당시 니시키에는 시국 속보와 대중문화가 결합된 선전 매체로서 일본 국민의 '전쟁열'에 불을 지피는 역할을 했다.

'평양 전투'와 청군의 이미지

전쟁 니시키에가 팔려나가고 가와카미 일행의 신파극이 인기를 얻으면서 항간의 '전쟁열'은 뜨거워졌다. 그런 가운데 1894년 9월 15일에 일어난 '평양 전투'가 사람들의 이목을 끌었다. 이 싸움은 청일전쟁 최초의 대규모 육지전이었고 한반도에서 청군을 밀어내는 중대한 일전이었다.

전투가 끝나기도 전에 이미 '전승'을 축하하는 니시키에와 서적이 나돌았다. 예를 들어, 열혈 처사가 쓴《청일전쟁 군가—일본군 대승리》(나카지마 호교쿠도中島抱玉堂 출판사, 1894)가 간행되었으며,《요미우리》의 9월 지면을 찾아보면 전투가 시작된 지 일주일쯤 지난 시점에 벌써 미즈노 도시카타(水野年方)의 〈평양 격전 대승도〉, 요슈 지카노부(楊州周延)의 〈평양 함락도〉, 고바야시 기요치카(小林淸親)의 〈평양 공격 전기 사용도〉 등의 니시키에 광고가 실려 있다.

이외에도 평양 전투에 관한 니시키에는 많았다. 특히 스탠퍼드대학교 후버연구소(Hoover Institution)가 소장하고 있는 미기타 도시히데(右田年英)의 니시키에 〈향처 무적 평양 함락〉, 〈몰살 평양 약취도〉는 흥미로운 작품이다. 이 둘은 발매 시기가 한 달 차이가 나지만, 사실은 동일 장면의 좌우를 구성하는 각 석 장짜리 니시키에 세트였음을 알 수 있다. 그런데 후버연구소의 마리사 리는 이들 그림의 왼쪽으로 연결되는 또 다른 니시키에 세트가 있었다고 밝혔다. 도쿄게이자이 대학 사쿠라이 문고에도 소장되어 있는 〈응징 의용 평양 공격〉이 바로 그것이다. 그러니까 미기타는 석 장짜리 니시키에 세 세트, 총 아홉 장으로 구성된 대략 다다미 한 장 크기에 맞먹는 이례적으로 거대한 니시키에를 그렸던 것이다.[5]

이 커다란 니시키에를 보면 일본군의 군기, 군장, 무기는 정확하게 그려졌으나, 청군의 군장은 여전히 과할 정도로 채색이 선명하고, 상관용 군모를 일반 병졸이 쓰고 있거나 군기의 한자 표기에서 오류가 발견된다. 니시키에에 그려진 청군은 늘 정형화된 모습이었음을 알 수 있다. 이런 류의 중국인 이미지는 그 후에도 큰 변화 없이 태평양전쟁 후 시대극에 자주 등장했다.

2. 석판화가 전하는 대청 제국의 '전승' 보도

《점석재화보》에 나타난 애국주의

일본과 대치한 청나라에는 서민부터 지식인까지 폭넓은 층이 애호한 시각 매체로 화보나 세화(歲畫)[6]가 있었다. 그중

---

5) 각 세트가 36cm×71cm였으므로 세 세트를 모으면 108cm×71cm 크기의 대형 그림이 완성된다. 참고로, 다다미 한 장의 크기는 가로×세로가 90cm×180cm이다.
6) 일본의 설날, 실내에 붙이는 그림

에서도 상하이 최초의 현대 신문인《신보관(申報館)》에 부설된 점석재 석판 인쇄서국이 1884년 5월부터 1898년 8월까지 14년간 발행한 그림 신문《점석재화보》는 특별하다. 이 화보는 청불전쟁이 한창일 때 창간되어 의화단 사건을 계기로 8개국 연합군과의 전쟁(1900~01)이 일어나기 2년 전에 폐간되었다. 짧은 기간이었지만, 청대 말기에 가장 인기를 끈 시각 매체였다(나카노 미요코中野美代子·다케다 마사야武田雅哉, 1989).

《점석재화보》는 전황을 그린 도판 외에 당시 사회풍속, 해외 사정, 과학과 자연, 종교와 미신, 관료계 정보 등 광범위한 내용을 게재한 종합매체였다. 그런데 전황 기사는 사실검증보다 대중의 입맛을 고려한 '전승' 보도에 무게를 실었다. 이 점이 서민들의 마음을 사로잡아 청이 무너지고 중화민국 시대를 맞이한 뒤에도 인기가 사그라들 줄 몰랐다. 그 덕에《신보관》은 리프린트 판을 계속 판매했다.

대중에 영합한《점석재화보》는 나중에 나올 석판화〈압록강 전승도〉외에〈아산 대승〉,〈해전 승보〉,〈파죽지세〉,〈대동강 전쟁 기록 1, 2〉등을 통해 청군이 모두 '승리'했다고 전했다. 모회사《신보관》이 발행한 전국지《신보(申報)》는 이 싸움을 정확히 보도했지만,《점석재화보》만 애독하는 층에게는 청이 정말 전승국인 것처럼 비쳤을 것이다. 어찌 됐든

《점석재화보》의 인기에 편승해 그 후에도 비슷한 화보가 등장했다. 19세기 말 청에서도 판화라는 시각 매체는 내셔널리즘을 부추기는 장치로 이용된 것이다.

'전승 보도'의 근간

청의 '전승 보도'를 조금 더 살펴보자. 세화는 당시 일본의 니시키에와 마찬가지로 단품으로 판매되던 매체다. 원래는 마귀를 쫓고 길상을 기원하기 위해 집의 문이나 벽에 붙이는 일회용 그림이었기 때문에 전쟁을 묘사한 세화는 거의 남아 있지 않을 것이라 여겨졌다. 그래서 2014년 5월에 대영도서관과 일본 국립공문서관 아시아역사자료센터가 공동으로 개최한 웹 특별전 "그림 속의 청일전쟁―니시키에·세화와 공문서"에 전쟁 세화가 공개된 데 충격을 받은 사람들은 다름 아닌 중국계였다.

공개된 전쟁 세화를 살펴보자. '그림 2-4'는 1894년 9월 17일에 일어난 서해해전(우리나라의 서해를 말한다_편집자)을 그린 석판 인쇄 세화다. 기사는 청군이 '승리'했다는 논조로 작성되었으며 그림 속에 해군의 활약상이 강조되어 있다. 그림 좌측에 있는 청군의 주함 '전위안(鎭遠)'이 우측의 일본 해군 주함 '마쓰시마(松島)'를 대파한 것처럼 묘사되어 있으

그림 2-4 세화 〈해군 대승도〉

나, 애초에 그런 사실은 없었다.

　다른 세화는 어떨까? 〈압록강 수전 승보〉에는 청군이 육상에서 일본 함선을 향해 포격을 가하는 장면이 묘사되어 있다. 실제로는 존재하지 않았던 전투 장면인데, 심지어 청군의 우세인 것처럼 나타나 있다. 게다가 컬러 인쇄한 〈웨이하이웨이(威海衛) 대전 승리도〉에는 평양 전투에서 도망쳐 실각한 장군 예즈차오(葉志超. 한글로 읽으면 '섭지초'이다_편집자)의 군기가 자랑스럽게 바람에 휘날리고 있다.

　여하튼 청일전쟁을 다룬 세화는 사람을 끌어들이는 힘이 있었던 것 같다. 2016년 무렵부터 중국 SNS에서 이 웹 특별전의 세화를 본 사람들이 청의 '전승'을 확신하고 자국의 역사관을 수정해야 한다고 주장해 화제를 불러일으켰다. 현

대 중국에서도 청의 세화가 커다란 반향을 일으키며 애국
주의에 불을 지핀 것이다.

3. 유럽 매체가 전한 동아시아의 전쟁 풍경

신문 속 세밀화

이번에는 유럽으로 시선을 돌려보자. 19세기 중엽에 일
어난 두 번의 아편전쟁, 1884년에 발발한 청불전쟁 등의 영
향으로 특히 영국, 프랑스, 러시아, 독일은 청일전쟁에 특별
한 관심을 보이며 보도 경쟁을 펼쳤다. 다만, 이들 중 어느
나라도 전쟁의 직접적인 당사자가 아니었기에 일본과 청이
보였던 전쟁열 또는 애국주의와는 거리를 둔 보도 자세를
엿볼 수 있다.

19세기 후반 유럽은 1867년 파리 만국박람회, 1873년
빈 만국박람회를 계기로 자포니즘이 유행하던 시기다. 특
히 1893년에 개최된 시카고 만국박람회에서는 교토의 뵤도
인 호오도(平等院 鳳凰堂)를 모델로 세운 일본관 등이 놀라움
을 자아냈다. 또 같은 시기에 유리판을 이용한 콜로타이프
인쇄와 동판을 이용한 망판 인쇄 기술이 개발되자 사진을
통해 일본의 아름다움이 널리 알려지게 된다.

자포니즘이 유행하자 청일전쟁의 전황도 덩달아 서양에
서 관심을 끌었다. 제국 일본은 평양 전투가 일어나기 하루
전인 1894년 9월 14일, 계속 늘어나는 국내외 취재진을 대
상으로 '외신 기자 종군 수칙'을 공포했다. 해외 언론 관계
자라 하더라도 군대와 군함 등 군비에 관해서는 원경 촬영
만 허가한다고 통보했다.

그러나 유럽 신문과 잡지에 게재된 일러스트에 일본의
수칙은 별다른 영향을 미치지 못했다. 영국의 정기간행물
《일러스트레이티드 런던 뉴스》가 창간된 이래, 유럽에서 발
행되는 신문에는 사실적인 세밀화를 싣는다는 방침이 주류
였으며, 흑백사진은 별로 이용되지 않았기 때문이다. 어쨌
든 사실을 최대한 반영하려 했다는 점에서 공상적, 창작적
이었던 일본이나 청의 언론과는 차이가 있었다.

사실적인 전장 일러스트

프랑스의 중산층 대상 그림 신문인《륄리스트라시옹
(L'Illustrationation)》(1843년 창간)이나 보수 계열의 그림 주간
지《르 몽드 일뤼스트레(Le Monde illustré)》(1857년 창간), 영
국의 중산층 대상 그림 신문인《더 그래픽(The Graphic)》
(1869년 창간) 등에는 군 관계자 및 상류계급을 위한 매체와

는 달리 시정의 생활상을 반영한 삽화나 사진이 실렸다(시미즈 이사오清水勲, 2011).

그중에서도《르 몽드 일뤼스트레》와《더 그래픽》의 통신원으로 고용된 프랑스인 화가 조르주 비고(Georges Ferdinand Bigot)가 그린 사실적인 일러스트는 청일 양국의 전쟁 보도와 비교하면 이색적이었다. 그는 전쟁 기록 사진으로는 촬영하지 않을 법한 피사체―전투 현장을 벗어나 안도하는 병사, 군에서 허드렛일을 하는 인부와 포로의 피폐한 모습, 야전병원과 묘지, 곤궁한 전쟁터의 현지인, 전투와는 무관한 자연경관 등―를 그렸으니까 말이다. 비고는 사람들의 표정을 사진에 담은 뒤, 그것을 바탕으로 일러스트를 그렸다고 한다.

비고와 같은 관찰안이 일본인에게 없었던 것은 아니다. 청일전쟁을 촬영하고자 찾아간 일본 최초의 종군 카메라맨이 된 가메이 고레아키(龜井茲明)라는 사람이 있었다. 가메이는 전쟁터의 자연경관과 휴식하는 장병들뿐만 아니라〈(뤼순의) 스쭈이쯔(石嘴子) 부근에서 살육, 유기된 적군의 간첩 사체〉 같은 비참한 정경도 주의 깊게 찍었다. 가메이의 사진집《메이지 27, 8년 전역 사진첩》[7](1897)과《종군일록》

---

7) '메이지 27, 8년 전역(戰役)'은 청일전쟁을 일본이 부르는 호칭이다. 전

(1899)이 세상에 나올 수 있었던 것은 자가 출판으로 검열을 피할 수 있었기 때문이다. 아쉽게도 가메이는 종군 촬영의 과로 탓에 종전 다음 해에 36세의 젊은 나이로 세상을 떠났다.

비고 이야기로 돌아가자. 그가 요코하마 거류지*에서 발행한 풍자만화 잡지《토바에(TÔBAÉ—Journal Satirique)》(1887~89) 등이 편집자의 눈에 들었는지 청일전쟁 발발 직후에《더 그래픽》은 일본군을 따라다닐 통신원으로 비고를 고용했다. 또 청군을 따라다닐 기자로는 찰스 플립(Charles Edwin Fripp)을 고용했다(시미즈 이사오淸水勳, 2011). 두 사람은 서로 다른 곳에 파견되었지만 그들이 그린 전쟁터 풍경은 매우 흡사했는데, 둘 다 유럽 화단에서는 다소 시대에 뒤떨어진 정밀화를 그렸다.

1894년 10월, 비고는 부산에서부터 한반도를 북상해 인천, 평양 땅을 밟았고, 더 위로 올라가 중국의 압록강 작전 현장을 취재했다. 그런 뒤, 일단 일본으로 돌아왔다가 11월에는 다시 랴오둥 반도의 진저우(金州), 다롄, 뤼순 등에서 취

역(戰役)은 전쟁을 말한다.
* 거류지는 외국인에게 자유로운 거주를 인정하지 않던 당시, 조약으로 외국인에게 거주와 상업활동 등을 인정한 지역을 말한다. 해당 지역에서는 치외법권 등이 인정되었다._편집자

그림 2-5 비고, 〈전장으로 떠나며〉

재를 계속 이어갔다.

《더 그래픽》에는 일본이었다면 틀림없이 검열에 걸렸을

법한 삽화가 실렸다. 1895년 4월 13일 호에 실린 '그림 2-5'
의 단색 펜화는 출정을 슬퍼하는 비고 본인과 가족의 모습
을 묘사한 것으로, 보는 이의 가슴을 아프게 한다.《르 몽드
일뤼스트레》에 실린 사진에도 당시 사람들의 모습이 있는
그대로 담겨 있다.

식어버린 '전쟁열'

사람들의 적개심을 부추겨 '전쟁열'을 불러일으킨 것이
어디 대중매체뿐이었을까? 1894년 9월 29일 자《요미우리》
의 "시중에 나타난 전쟁의 영향"이라는 기사에는 다음과 같
은 내용이 실렸다.

그림책 판매상 간판을 내건 곳이라면 어디서나 청일전쟁 니시
키에를 팔았고, 장난감 가게는 군도, 총, 군모, 나팔 등의 장난
감을 싼값에 팔고 있다. 사진관은 야마가타 아리토모(山縣有朋),
오야마 이와오(大山巖), 가바야마 스케노리(樺山資紀) 등 육·해군
장교와 군함 사진을 내걸며, 술집에서는 '황국', '대승리', '백전
백승' 같은 상표를 붙인 술을 판매한다. 만담장에서는 군담 전
문 야담가가《조선군 기록》을 읽고, 바둑과 장기 같은 놀이판
에도 '평양으로 진격한다', '웨이하이웨이를 친다', '아산을 누

른다' 같은 표현이 등장했다. 또 도쿄 시 혼고 구 단고자카 언덕에서 열린 국화 장식 인형 전시는 온통 청일전쟁 관련 인형으로 채워졌고, 도쿄 유람객들은 첫 행선지로 야스쿠니 신사 경내의 노획물 진열소를 선택했다. ⋯⋯

글쓴이는 불쾌하기 짝이 없는 심경을 위와 같이 적었다. '전쟁열'은 시각 매체를 통해 소비문화와 결부되면서 급속히 서민 생활 속으로 침투했던 것이다.

그런데 그토록 뜨겁던 '전쟁열'도 청일전쟁 종결 후 겨우 반년이 지나자 거짓말처럼 싸늘하게 식었다. 1895년 10월 14일 자《요미우리》의 수필 "인기 니시키에의 평판"은 이같은 상황을 다음과 같이 묘사했다. "오늘날 그 그림(니시키에)은 갑자기 세력을 잃어 미기타 도시히데(右田年英), 오가타 겟코(尾形月耕) 등 뛰어난 서너 명의 작품을 제외하면 대개는 가게 뒷방으로 밀려나거나 다른 그림 아래에 깔리는 신세가 되고 말았다." 그러면서 "사람들은 니시키에가 대량 생산되어 화풍이 매너리즘에 빠지자 이에 싫증을 내면서도, 다만 고바야시 기요치카가 그린 전쟁 풍자화 연작〈일본 만세 백찬 백소(日本万歳 百撰百笑)〉(1894~1904)만은 여전히 좋아했다"라고 적었다.

청일전쟁을 소재로 한 기요치카의 연작은 우스꽝스러

운 터치, 속된 인물 묘사로 당시 일본인의 마음을 사로잡으며 일본 풍자만화의 선구적인 작품으로 떠올랐다. 그런데 이 연작은 전적으로 기요치카의 창작이라기보다는 《일러스트레이티드 런던 뉴스》의 특파원 찰스 워그먼(Charles Wirgman)이 요코하마에서 발매한 일본 최초의 만화 잡지 《저팬 펀치(The Japan Punch)》(1862~87)의 영향을 어느 정도 받은 것 같다.

기요치카의 풍자만화는 적국 청을 비웃는 것처럼 보이지만, 사실은 민중을 동원해 희생을 강요하는 전쟁을 풍자한 작품으로, 웃음과 눈물이 내포된 희귀한 작풍이 공감을 끌어낸다. 그중 〈청의 말로〉(그림 2-6)는 전쟁에 진 청이 일본에 영토를 할양한 상황을 그린 것으로, 중국인 상인이 일본군에게 영토 이름이 적힌 골동품—뤼순 항아리(뤼순항), 화위안 항아리(화위안커우), 펑텐 족보(펑텐부)—을 파는 장면이 담겨 있다. 기요치카는 골동품을 사려는 군인을 강조하기보다 오히려 전쟁의 희생자인 상인의 모습에 굳세면서도 비애에 찬 민중의 현실을 반영해 공감을 불러일으킨 것이 아닐까?

전쟁이 끝난 뒤, 제국 일본과 청은 시모노세키 조약을 체결했다. 청이 조선의 독립을 인정하고, 다롄과 뤼순항을 포함한 랴오둥 반도·대만·펑후 제도를 할양할 것도 인정하고,

그림 2-6 고바야시 기요치카, 〈일본만세 백찬백소 청의 말로〉

배상금 2억 냥 등을 승인한다는 내용이었다. 그러나 랴오둥 반도는 다음 해인 1895년 4월 23일에 프랑스, 독일, 러시아가 일으킨 '삼국 간섭'에 따라 반환되었다. 이 시기에 이들 3국 및 미국에서 황화론(황색인종 경계론)이 등장한 것은 결코 우연이 아니었다.

황화론에 불을 지피는 해외 시각 매체에 주의를 기울이는 동시에 그런 매체를 통제하에 둘 것. 이것이 바로 청일전쟁을 통해 제국 일본이 얻은 교훈이다. 매체 통제와 관련해서는 1899년 7월에 '군사기밀 보호법'과 '요새지대법'이 공포되었다. '군사기밀 보호법'은 군대의 동향, 무기의 파괴력 등 군사 비밀을 보호하는 규정이고(1901년에 대만, 1913년에 조선에서도 시행), '요새지대법'은 육군 관할지의 군사시설 정보 및 해군 관할 진수부(鎭守府)[8], 경비부(警備府)[9], 요항부(要港部)[10] 등 군항에 관한 정보를 규제하는 법률이었다(1908년에 관동주, 1913년에 조선, 1919년에 대만에서 시행). 이러한 매체 규제 법률은 훗날 제국 일본을 관통하는 규범으로 확대된다(기시 도시히코·시라야마 마리白山眞理, 2016).

이어지는 3장에서는 20세기 일본 역사에 깊게 새겨진 러

---

8) 일본 제국 해군이 함대를 통할하기 위해 각 근거지에 세운 기관
9) 진수부의 업무를 분장하기 위해 요항부를 개편해 권한을 확대한 기관
10) 해군의 근거지로서, 함대의 후방을 다스리던 기관

일전쟁을 통해 일본과 러시아를 비교하면서 전쟁 프로파간다가 변모하는 양상을 짚어보려 한다.

3장

러일전쟁 시기

─'전쟁 신화' 유포(1900년대)

러일전쟁(1904~05)은 한반도와 만주 남부에 대한 권익을 놓고 제국 일본이 러시아 제국을 상대로 벌인 패권전쟁으로 청일전쟁이 끝난 지 불과 10년 만에 발발했다. 그 사이에도 언론과 그들을 떠받치는 인쇄 기술은 눈에 띄는 변화를 겪었다. 2장에서 살펴본 '전쟁 니시키에'는 이미 사람들의 관심사에서 멀어졌고(Dower, John W., 2008) 이를 대신해 등장한 것이 사진을 실은 신문이나 출판물이었다. 다색 석판 인쇄로 찍어낸 삽화나 만화도 여전히 인기가 있었다.

멀리 떨어진 유럽에서도 사진 운반에 시간이 걸린다는 이유로 다색 석판 인쇄로 찍은 일러스트레이션이 인기를 끌었다. 러시아의 농촌 지역에서는 민중 판화 '루복', 도시에서는 그림엽서, 그리고 서유럽에서는 색채가 풍부한 화보 잡지가 유행하면서 보도와 프로파간다 전술에서 시각 매체의 역할이 점차 뚜렷해졌다.

이러한 보도 매체의 다양화는 러일전쟁 시기에 펼쳐진 선

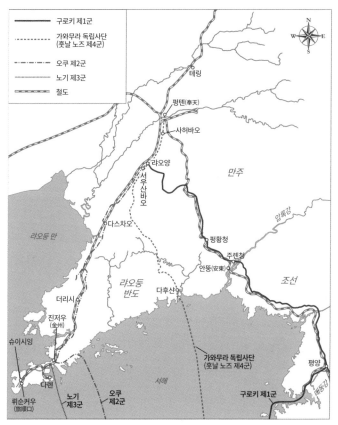

지도 러일전쟁(1904~05)

전전의 한 측면을 반영한다. 일본과 러시아 양국에서 민관이
모두 시각 매체를 활용해 '전쟁열'을 부추겼고, 일관되게 전
쟁에서 승리한다는 '전승(戰勝) 신화'를 퍼뜨렸던 것이다.

1. 제국 일본에 침투한 사진, 그림엽서, 활동사진

홍보 외교와 미디어 내셔널리즘

러일전쟁은 어떤 전쟁이었을까? 전쟁 기간은 청일전쟁의 거의 두 배에 이르는 19개월이었다. 제국 일본의 병력은 약 109만 명. 반면 러시아 제국의 병력은 약 208만 명으로 차이가 현저했지만, 장기간에 걸친 전쟁으로 국고를 압박할 정도의 막대한 비용이 들어갔다는 점은 두 나라가 마찬가지였다. 일본의 경우 육군이 소비한 총군사비가 약 18억엔으로, 이는 청일전쟁의 여섯 배에 달하는 금액이었다. 그 중 약 40%는 관세수입이나 담배 전매 이익금을 담보로 한 외채에 기댄 것이었다(일본흥업은행 외사부日本興業銀行外事部, 1948).

전비를 외채로 충당하기 위해서도 일본, 러시아 양국은 전쟁의 정당성을 대외적으로 알리는 선전전을 펼쳐야 했다. 특히 제국 일본 입장에서는 서양 국가의 지원을 받아내기 위해 러시아 제국과의 전쟁은 기독교권(러시아)과 비기독교권(일본)의 싸움이 아니며, 서구 세계를 상대로 싸움에 나선 것도 아니라고 강력히 호소함으로써(야마무로 신이치山室信一, 2005) 황화론을 틀어막아야 했다. 그러나 시대는 메이지 말기였다. 전의를 고양하는 데 힘쓴 것은 정부나 군부만이 아니었다. 민간의 신문이나 잡지 등이 앞장서서 같은 효과를 노렸다는 점에 유의할 필요가 있다(이이쿠라 아키라飯倉章, 2010).

당시에는 국제관계도 복잡하게 얽혀 있었다. 영미 양국은 제국 일본을 지원했으나, 프랑스와 독일은 러시아 제국을 지지했다. 이처럼 얽히고설킨 이해관계를 각국의 화보 잡지가 전했다. 예를 들어, 영국의《일러스트레이티드 런던 뉴스》나《더 그래픽》은 일본군에 대한 동정심을 드러내는 이미지를 종종 게재했다.

그 반면에 프랑스를 대표하는 그림 일간지《르 프티 파리지앵(Le Petit Parisien)》과《르 프티 주르날(Le Petit Journal)》은 제국 일본에 차가운 시선을 보냈다. 전자에 실린 '그림 3-1'에는 일본 본토와 한반도를 밟고 선 왜소한 일본인 남성(아시아 대표)이 덩치 큰 러시아 남성(유럽 대표)에게 싸움을 거는 모습이 냉소적으로 그려져 있다. 제국 일본에 대한 비판이나 풍자는 늘 이런 식으로 채워졌다.

전황 사진의 등장

다음으로 전황 사진의 등장 과정을 살펴보자. 청일전쟁

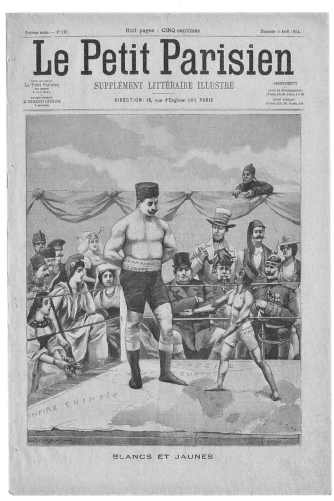

그림 3-1《르 프티 주르날》의 표지, 〈백색과 황색〉(1904)

시기에 신문 부록(특별호)으로 실린 적은 있었지만, 신문 본지에 전황 사진이 실린 것은 러일전쟁 때가 처음이었다.

그중에서 특히 유명한 사진이 1904년 9월 30일 자《도쿄 아사히》의 '랴오양 사진 보도'에 실린 "9월 1일 서우산쭈이(首山嘴?)[1] 고지 점령 후 광경"이다. 랴오닝 성의 랴오양 회전은 러일전쟁 최초의 대규모 전투였다. 이 전투를 카메라에 담은 것은《아사히》의 종군기자인 우에노 이와타로(上野岩太郎)였다. 초대 베이징 특파원이었던 우에노는 의화단 운동(1899~1901)에 이어 러일전쟁에도 종군했다. 우에노는 삼각대를 장착한 카메라와 건판을 이용하는 기존 방식이 아니라 핸드 카메라와 롤 필름을 사용해 촬영했다. 카메라를 손에 들고 전투 사이 사이에 휴식을 취하는 병사들의 모습을 찍는 데 성공한 것이다. 다만, 이 시기의 신문에 실린 사진의 해상도는 그리 높지 않았다(아사히신문 백년사 편수위원회 엮음朝日新聞百年史編修委員会 編, 1990).

랴오양 회전 종료 후인 9월 9일, 일본군은 만주군 총사령관 오야마 이와오(大山巌)의 지휘 아래 랴오양에 입성한다. 그런데 병력 소모가 심해 러시아군을 추격할 수 없는 지경이었다. 한편, 러시아군의 만주군 총사령관 알렉세이 쿠로

---

1) 저자가 달아놓은 물음표이다. 한자가 확실하지 않은 것 같다.

파트킨(Aleksei Nikolaevich Kuropatkin)은 랴오양으로부터의 '전략적 후퇴'를 주장해 펑톈(현재의 센양瀋陽)까지 철수했다. 러일 양국 군대는 랴오양 회전에서 총 2만여 명의 사상자를 내며 적군 제압이라는 전략 목적을 달성하지 못했음에도 내외에 '전승 선언'을 발표한 것이다.

이런 군부가 짜낸 프로파간다 전략에 적극적으로 호응한 이들이 있었으니 신문과 잡지 등의 언론이었다. 러일 양국은 모두 자국 전략의 실패를 드러내지 않고 '전쟁승리'를 찬양하는 프로파간다 정보를 흘림으로써 여론을 조작했다. 이 시기의 신문사는 검열 때문이 아니라 스스로 알아서 그 같은 정보를 퍼뜨렸다. 이러한 방식은 그 후로도 오랫동안 답습되었다.

사진의 다양한 이용

1900년대, 사진의 보급과 함께 급증한 것이 화보 잡지다. 러일전쟁만을 다룬 화보 잡지 20여 종 가운데, 대본영[2] 사진반이 촬영한《러일전쟁 사진첩》전 24권(오가와 가즈마사 출판부小川一真出版部) 외에는 대부분 민간 출판사가 작업한 것

---

2) 태평양전쟁 때, 일왕 직속으로 군대를 통솔하던 최고 통수 부대

이었다. 《사진 화보》(하쿠분칸), 《러일 교전록》(슌요도春陽堂), 《전시 화보》(긴지가호샤近事画報社), 《군사 화보》(이쿠분샤郁文舎), 《러일전보》(후잔보冨山房), 《러일전쟁 상보》(헤이지잣시兵事雜誌) 같은 사진 화보 잡지가 줄줄이 발행되며 독자 확보 경쟁을 펼쳤다. 그중에서도 사진과 삽화를 절묘하게 이용한 《전시 화보》는 한 달에 약 10만 부가 판매되는 등 독보적인 인기를 끌었다(구로이와 히사코黒岩比佐子, 2007).

사진은 러일전쟁 중 세인트루이스(Saint Louis) 만국박람회(1904. 4. 30~12. 1)가 열렸을 때 홍보 외교에도 이용되었다. 일본 정부는 러시아 제국이 박람회 참가를 취소했다는 소식을 듣고 참가를 강행했다. 현장에 설치된 일본관에서는 '대일본제국 교통 지리 모형'과 함께 사진가 오가와 가즈마사가 제작한 '대일본제국 명승 채색 액자'라는 이름으로 총 174점에 이르는 일본 본토 및 대만, 조선의 명승지 사진이 전시되었다(농상무성農商務省, 1905).

박람회 참가의 효과는 엄청났다. 일본 정부의 의도대로 미국 내에서 제국 일본의 산업과 문화에 대한 관심이 높아졌고, 러일전쟁에도 시선이 쏠렸다. 이 같은 전쟁과 만국박람회의 밀접한 관계는 중일전쟁 이후에 '최고조'에 이른다(7장).

그림엽서 열풍의 도래

전황 사진이나 재해 사진은 그림엽서에도 널리 활용되었다. 러일전쟁 시기에는 니시키에가 시들해지면서 그림엽서가 유행했다. 일본에서 사제 그림엽서가 유통되기 시작한 시점은 우편법에 따라 그 사용이 허용된 1900년부터라고 알려져 있다. 오사카의 핫토리쇼텐(服部商店), 도쿄의 활판인쇄소 신유샤(信友舍)는 러일전쟁 발발 직후에 발 빠르게 러일전쟁 그림엽서를 발행했다(《도쿄아사히》, 1904. 3. 1일, 16일).

이 밖에 도쿄에서는 하쿠분칸 등도 러일전쟁 그림엽서를 판매했다. 도쿄 시 니혼바시 구 혼초에 있었던 하쿠분칸은 청일전쟁 시기에 창간한 화보 잡지 《다이요(太陽)》, 《청일전쟁 실기》의 매출로 경영 기반을 다진 출판사다.

하쿠분칸의 인쇄공장 하쿠신샤(博進社)의 총무부장 오하시 고키치(大橋光吉, 훗날 교도共同인쇄주식회사 초대 사장)는 1900년대에 그림엽서의 제작, 판매, 계몽에 주력한 사람이다. 1904년 4월에 오하시 등이 결성한 회원제 단체 '일본 엽서회'는 다음해 1월에는 전국에 57개 지부를 거느렸다고 한다. 명예 회원으로는 우키요에, 일본화, 서양화, 판화, 만화, 문학 각계의 저명인사가 참여했다. 예를 들어, 화가인 가와바타 교쿠쇼(川端玉章), 구보타 베사이(久保田米斎), 구로다 세이키(黑田清輝), 아사이 주(淺井忠), 나카무라 후세쓰(中村不折), 오가타 겟코, 고다 기요시(合田清), 기타자와 라쿠텐(北澤楽天) 등과 소설가 다야마 가타이(田山花袋), 헌법학자 미노베 다쓰키치(美濃部達吉), 극작가 쓰보우치 쇼요(坪内逍遥)도 회원으로 가입했다. 이를 통해 당시 뜨거웠던 그림엽서 열풍을 엿볼 수 있다(고고 에리코向後惠理子, 2009).

전쟁으로 인해 출정 병사에게 보내는 위문용 엽서의 수요가 늘어난 것도 간과할 수 없다. 민간보다 반년 늦게 체신성은 1904년 9월부터 1906년 5월 사이에 '전쟁 기념 그림엽서', '만주군 총사령부 개선 기념', '메이지 37, 8년[3] 육군 개선 관병식 기념' 등 49종의 그림엽서를 선보였다. 이들은 모두 도쿄인쇄주식회사가 아토타이프(artotype)[4] 및 다색 석판 인쇄로 제작한 것이었다.

청일전쟁 시기에는 군사우편에 상한선이 있었으나 러일전쟁 시기에는 철폐되어 '위문 그림엽서' 41종이 전쟁터 장병들에게 무료로 배포되었다. 이것도 최초의 그림엽서 열풍에 박차를 가한 요인이었다. 그 결과, 러일전쟁 시기의 우편물은 발신과 도착 분을 합쳐 총 5억 통 가까이에 달해 청

---

3) '메이지 37, 8년 전역'은 일본에서 러일전쟁을 일컫는 호칭이다.
4) 아교와 다이크로뮴산의 혼합물이 가진 감광성을 이용한 사진판

그림 3-2 그림엽서 〈메이지 37, 8년 전역 육군 개선 관병식 기념〉

일전쟁 시기의 약 40배 규모에 이르렀다(아라이 가쓰히로新井
勝紘, 2006). 당시 제국 일본의 인구가 4,600만 명 정도였음을
고려할 때 놀라운 수량이다.

　'그림 3-2'의 그림엽서는 러일전쟁에 참전한 두 명의 원수,
여섯 명의 대장이 펑톈 성에서 회견하는 사진을 이용해 만
든 것이다. 사진은 청일전쟁 시기에 일본에서 최초로 필름
사진을 촬영했다고 알려진 오구라 겐지(小倉倹司)가 1905년
7월 26일에 촬영한 것이다. 오구라는 러일전쟁 시기에 대본
영 사진반 반장으로서 오쿠 야스카타(奧保鞏) 대장이 이끄는
제2군 사령부에 종군했다. 그림엽서를 보면 왼쪽부터 구로

키 다메모토(黑木為楨), 노즈 미치쓰라(野津道貫), 야마가타 아리모토, 오야마 이와오, 오쿠 야스카타, 노기 마레스케(乃木希典), 고다마 겐타로(児玉源太郎), 가와무라 가게아키(川村景明) 등 쟁쟁한 장교들이 앉아 있다.

이렇게 해서 민관이 발행한 그림엽서를 수집하는 사회 현상이 만들어진다. 실제로 1906년 5월 13일 자《요미우리》는 "이 열풍에 편승하려고 그림엽서 판매점이 4천여 점 늘었는데, 개중에는 헌책방이나 그림책 판매상을 하다가 업종을 바꾼 곳도 있었다"라고 보도했다. 시대와 함께 전쟁을 보여주는 매체가 변화했고, 이와 더불어 업계도 변해갔다.

이처럼 방대한 그림엽서가 제작, 인쇄, 복제, 유통됨에 따라 그림엽서 시장은 확대일로를 걸었다. 다만, 2장 말미에서 언급한 바와 같이 '군사기밀 보호법'이나 '요새지대법'이라는 규정에 따라야 했기에 그림엽서의 사진 풍경 대부분은 검열 당국으로부터 허가받은 것이었다. 1900년대의 집단 기억은 국가가 요구하는 '전승(戰勝)' 이미지 속에서 형성되었던 것이다.

활동사진(영화)의 등장

사진 및 그림엽서와 함께, 어떤 의미에서는 그 이상으로 일본인의 '전쟁열'을 부채질한 것이 19세기 말에 등장한 활동사진, 이른바 흑백 무성영화였다. 활동사진은 이미 1900년에 일어난 의화단 운동(북청사변) 때 "북청사변 활동 대사진"이라는 이름으로 공개된 바 있었다. 그때 종군하며 촬영한 이가 시바타 쓰네키치(柴田常吉) 등이었다.

시바타는 현존하는 최초의 활동사진이라 불리는 〈가부키 18번 단풍놀이〉(1899)를 촬영한 일본인 카메라맨으로 유명하다. 이 영화에는 9대 이치카와 단주로(市川団十郎)와 5대 오노에 기쿠고로(尾上菊五郎)가 출연했다. 영상 필름은 2009년에 일본 중요 문화재로 지정되어 국립영화아카이브의 웹사이트(https://meiji.filmarchives.jp/works/01.html)에 공개되었다. 그런데 이 복제 필름(1927)보다 오래된 필름이 발견되어 2022년 5월에 상영되면서 화제를 불러일으킨 바 있다.

〈단풍놀이〉는 1899년 10월 18일, 간다니시키초의 긴키칸(錦輝館)에서 개봉되었다. 요시자와쇼텐(吉澤商店)이 주최한 일본 활동 사진회의 놀라운 성과라 할 수 있다. 니시키에 수출상으로 출발한 요시자와쇼텐은 곧바로 환등기(슬라이드 영사기)의 제조, 판매에도 손을 뻗었다. 그러다 점주 가와우라 겐이치(河浦謙一)가 재일 이탈리아인 조반니 브라찰리니

(Giovanni Braccialini)로부터 시네마토그래프[5]를 손에 넣은 이후, 그 수입 판매 사업을 시작하게 된다. 브라찰리니는 육군 포공 학교의 탄도학 강사이면서 니시키에와 우표 브로커로도 일하는 사람이었다. 훗날 요시자와쇼텐은 국산 영사기까지 제조하게 되었고, 1912년 9월에는 기타 3사와 합동으로 일본활동필름주식회사(日活, 닛카쓰)를 창설했다(이리에 요시로入江良郎, 2018).

러일전쟁의 활동사진이 최초 상영된 곳도 긴키칸이었다. 때는 1904년 5월 1~7일, 이 역시 요시자와쇼텐이 제작한 작품으로 제목은 〈러일전쟁 활동사진〉이다. 이때 〈뤼순 커우 4월 14일의 대해전〉, 〈평양 시내 아군의 진군〉 등 스무 편의 쇼트 필름이 상영되었다. 촬영은 요시자와쇼텐이 군 사령부 종군 사진반으로 파견한 후지와라 고자부로(藤原幸三郎) 등이 맡았다. 이 영상들은 개봉 전에 티켓이 매진될 정도로 대단한 인기를 얻은 덕에 상영 기간을 연장하기도 했다. 그 후, 도쿄의 가부키 극장(歌舞伎座)과 마사고 극장(真砂座), 나아가 오사카의 나카 극장(中座), 고베의 아이오이 극장(相生座) 등에서도 순회 상연을 하며(《요미우리》, 1904. 4. 29;《도쿄아사히》, 4. 28, 5. 8) '전쟁열' 고양에 힘을 보탰다.

---

5) 1895년 프랑스의 뤼미에르 형제가 발명한 세계 최초의 영화 촬영기

요시자와쇼텐과 함께 초기 일본 영화사에서 중요한 역할을 한 곳이 하쿠분칸이었다. 전술했듯이 하쿠분칸은 사진 화보 잡지를 창간해 경영 기반을 잡았다. 1904년 3월 23일, 하쿠분칸의 사진반은 육군 제2군 사령부의 종군 사진반으로 참가했다. 시바타 쓰네키치를 포함한 여섯 명의 사진사 외에 소설가 다야마 가타이도 참여했다. 이때 시바타가 촬영한 필름 〈제2군 러일전쟁 실지 활동사진 필름〉이 9월 8일에 가부키 극장에서 상영되었다. 이 영상이 밤낮없이 대성황을 이루자(오쿠보 료大久保遼, 2011) 11월 5일에는 고베의 다이코쿠 극장(大黑座), 11월 15일에는 교토의 에비스 극장(夷谷座)에서도 순회 상영이 이루어졌다.

다만 이들 러일전쟁을 다룬 영화가 모두 전황을 실제로 찍은, 이른바 실사판이었던 것은 아니다. 기술력이 부족한 시대였기에 개중에는 재현 필름, 또는 관계없는 전투 필름을 재편집한 것도 있었다. 그래도 하나같이 대단한 인기를 끌었다.

이렇게 1900년대 시각 매체의 변천을 살펴보면, 요시자와쇼텐(니시키에 → 환등 → 활동사진)과 하쿠분칸(사진 화보 잡지 + 활동사진)의 업적은 실로 대단한 것이었다. 그 외, 1905년 1월에 메이지 극장(明治座)에서 '러일전쟁 활동사진 대회'를 개최한 광고대행사 히로메야(広目屋)의 발자취도 흥미롭다.

히로메야의 주 업무가 악대(樂隊) 광고에서 환등을 거쳐 활동사진으로 변화하는 점을 볼 때 선견지명이 돋보인다(《요미우리》, 1905. 1. 7). 참고로 하쿠분칸과 히로메야는 업태를 바꿔가면서 오늘날에도 광고 대행사로서 영업을 이어가고 있다.

이처럼 19세기에서 20세기로 넘어가는 시기의 인쇄, 출판, 광고 매체의 변천을 살펴보면 각종 시각 매체가 활동사진으로 수렴되는 흐름을 알 수 있다. 한때 지루해질 뻔한 활동사진은 러일전쟁 필름의 상영으로 다시금 주목받으며(가타오카 이치로片岡一郎, 2020) 가장 잘 팔리는 프로파간다 매체로 자리 잡은 것이다.

2. 러시아 제국에서 유행한 민중 판화와 사진술

농촌 지역에 퍼진 루복

제국 일본과 싸운 러시아 제국에 관해서도 살펴보자. 19세기에서 20세기로 넘어가는 시기에 러시아에서는 다양한 시각 매체가 여론에 영향을 미쳤다. 농촌에서는 루복이라는 민중 판화가, 도시에서는 그림엽서와 사진첩, 화집이 유통되었다. 이들은 모두 민간에서 상업적으로 판매된 매체였다.

그중에서도 러일전쟁의 발발과 함께 전황 정보를 전한 것은 노천 시장 등에서 팔리던 루복이었다. 당시 문맹률이 높았던 러시아 농촌에서는 루복이 전의를 고양하는 프로파간다 매체로서 신문이나 정부 홍보보다 쉽게 받아들여졌다. 한편 도시에 전쟁 그림엽서가 유통된 것은 그보다 수년 뒤이다. 어느 매체든 정보의 정확성이 부족했는데, 내무성 경찰부 경비국이나 헌병단의 검열을 의식해 제정 러시아 정부의 관점에서 전쟁을 표현했다.

루복이란 15~16세기에 시작된 러시아 민중 사이에서 소비, 유통되던 소박한 목판화를 말한다. 20세기에는 석판화, 동판화로 발전했다. "소재는 대부분 세속적이며 오락적", "지식계급의 눈으로 보면 특별한 가치가 없고 예술성이 낮은 작품"이라고 말할 수 있다(반나이 도쿠아키坂内德明, 1995). 중국의 농민화와 비슷하지만, 루복은 전통적인 목판 인쇄를 이용하다가 20세기 초에 다색 석판 인쇄를 이용해서 만들어지면서 대량인쇄와 대량소비 시대에 산업화했다는 특징이 있다.

그중에서도 최대 생산자와 유통업자는 문예 대중화의 길을 터준 모스크바의 이반 스이틴(Ivan Sytin) 출판사였다 (Sergeyevna, M. D., 2016). 루복은 행상인의 손에 의해 모스

그림 3-3 루복 〈해변에 앉아 날씨를 보자〉(1904)

크바 근교 상트페테르부르크, 키이우(키예프)를 중심으로 러시아 제국 전역에서 널리 판매되었다(Itkina, Ye.I., 1992).

전통적인 다색 인쇄 루복을 살펴보자. 인물은 정의와 악의 편으로 나뉘고, 자국의 영웅 전사가 적을 타도하는 모습이 위트 넘치는 터치로 그려지는 것이 특징이다. '그림 3-3'의 러일전쟁 초기 루복을 보면, 거대하고 힘센 코자크(군사집단)가 작고 연약한 일본인을 조롱하는 모습을 희화화해서 표현하고 있다. 이런 구도를 통해 일본이 러시아 제국에 위협을 가할 수 없는 존재임을 나타냈다. 게다가 일본인을 부추긴 이들로는 멋지게 차려입은 영국 신사, 전형적인 차림새의 미국인, 변발 스타일의 중국인을 그려 넣어, 그들까지 한데 묶어 적으로 간주하면서 모두를 조소의 대상으로 삼았다.

루복은 시장이나 거리에서 행상인에 의해 싸게 팔려나갔다. 야외 정기시장 같은 곳에서 라요시니크(rayoshnik, 변사)가 조작하는 요지경 마차 라요크(rayok)의 화면으로도 이용되었다고 한다. 라요크는 작곡가 무소르그스키(Modest Mussorgsky)가 작곡의 주제로 삼을 만큼 러시아인에게 친숙한 오락 수단이었다. 농촌에서는 라요크와 루복이 러일전쟁의 이미지를 전하는 주요 수단이었다고 할 수 있다.

1904년 6월 1~15일에 랴오둥 반도에서 일어난 더리시 전투는 루복의 디자인 면에서 전환점이 되었다. 이 전투에서 시베리아 제1군단이 일본 육군 제2군에 밀려난 일은 러시아 측으로서는 생각지도 못한 사건이었다. 이 전투를 기점으로 해서 루복 속 일본군은 소인이 아니라 러시아인과 같은 크기의 적병으로 그려지게 되었다. 실제로 전투가 시작되고 약 일주일 뒤에 이반 스이틴 출판사에서 발행한 루복에 "랴오양에서 '적 침범'이라고 전보를 친다. (중략) 이틀에 걸친 더리시 전투보다 격렬하고 끈질긴 전투를 쉽게 예상할 수 있다"라는 설명이 달린 것을 봐도 러시아 병사와 일본 병사의 관계성을 알 수 있다.

다만 루복의 정경 묘사나 군복 등에서는 다양한 허식을 찾을 수 있다. 러시아 병사의 모습은 지나치게 웅장하게 묘사된 반면, 일본 병사는 겁을 먹고 도망치는 모습이 눈에 띈다. 일본군의 승리마저 웃음거리로 취급된다. 결과적으로 러시아 제국의 패전은 은폐되고 루복은 국민에게 '승전'을 연출했다. 루복은 프로파간다의 기능을 한 동시에 미지의 세계였던 동아시아에서 일어난 일에 대해 민중의 흥미를 끌어내는 역할을 한 것이 분명하다.

펑텐 회전의 비극

펑텐 회전은 1905년 2월 20일부터 3월 10일 사이에 일어났다. 러시아에서는 펑텐 회전이야말로 러일전쟁에서 가장 비참한 전투로 기억된다. 일본에서는 그 전년 8월 19일부터 4개월 이상 끌었던 뤼순 포위전, 특히 203고지 전투가 잘 알려져 있으나, 실제로 펑텐 회전은 그 이상의 피해가 난 장렬한 전투였다. 펑텐에서 벌어진 러일전쟁 최대의 격전으로 인해 러시아군은 사망자 8,700여 명, 부상자 5만 1,000여 명, 포로 2만 1,100여 명의 희생을 감내해야 했고, 7,200여 명의 실종자까지 발생했다는 기록이 남아 있다.

그림 3-4 펑텐 회전 당시의 러시아군(1905)

'그림 3-4'는 펑텐 회전의 러시아 측 모습을 찍은 것으로 당시 마차가 군인과 무기를 운반하느라 이동하는 데 어려움을 겪는 상황을 엿볼 수 있다. 반면에 일본군은 사망자 1만 5,900여 명, 부상자 6만여 명, 포로 2,000여 명의 희생자를 기록했다. 쓰디쓴 승리의 결과로 일본군이 펑텐을 점령하기는 했지만, 사상자 수는 러시아군보다 많았고, 전략의 목적이었던 러시아군 섬멸을 이루지 못해 화근을 남기게 된다.

이처럼 러일전쟁은 양국 모두 엄청난 희생을 치른 전쟁

이었다. 그래서인지 양국 모두 전쟁을 하는 동안뿐만 아니라 전쟁이 끝난 뒤에도 '전승 선언문'을 계속 발표했다. 펑텐 회전 5개월 뒤, 사실주의 화가 알렉산드르 마코프스키(Aleksandr Makovsky)가 이반 스이틴 출판사에서 루복 〈펑텐 철수—1905년 2월 24일, 우리 군은 아직 펑텐 앞 진지에 있다〉를 내놓았고, 쿠로파트킨 장군의 주장대로 러시아군은 패퇴한 것이 아니라 전략적으로 철수했다고 전했다.

이처럼 러시아인들은 루복이라는 민중 매체와 농촌 공동체의 마을 회의에서 읽어주는 신문 기사를 통해(가지카와 신이치梶川伸一, 1990) 러일전쟁의 전황을 접했다. 물론 거기에 '패전'이라는 단어는 없었다.

도시 지역에 보급된 그림엽서와 화집

러시아 제국에서 러일전쟁의 소식을 전한 또 하나의 매체는 그림엽서였다. 러시아 최초의 그림엽서가 발행된 해는 1895년이라고 한다. 그림엽서가 세상에 유통되자 도시 지식인 계급을 중심으로 그림엽서 수집 열풍이 일었다. 그림엽서는 본래 통신수단이었으나, 러시아에서도 정부나 기업의 선전, 사회교육, 오락 매체로 보급되었다(Turmov, 2005). 19세기에서 20세기로 넘어가던 시기에 전통적인 인쇄 방법(목판화, 석판화, 에칭)뿐만 아니라 새로운 기술(다색 석판 인쇄, 포토 메커니즘)이 그림엽서 인쇄에 이용되었다.

러시아 그림엽서는 대부분 사진을 원본으로 해서 그려졌다. 그래서 출판사는 사진가의 작품을 수집하려고 노력했다(Sergeyevna, M. D., 2016). 그중에서도 러시아 르포르타주 사진의 창시자인 칼 불라(Karl Bulla)가 유명하다. 불라는 러일전쟁이 한창이던 19세 때 그림 잡지《니바(Niva)》의 사진 특파원으로 시베리아의 예비여단에 파견되어 당시 전황을 촬영했다. 불라의 전쟁사진은《니바》,《일본과의 전쟁기》같은 잡지 및 러시아어 신문에 게재되었다. 외국 출판물에 실린 사진도 있었다고 한다(Svetov, 2015). '그림 3-5'는 종군 중이던 불라가 진저우(錦州, 랴오닝 성)에서 찍은 러시아군의 모습으로, 긴장감이 감돈다.

그림엽서에는 화가의 스케치도 이용되었다. 소재는 러일전쟁의 육지전과 해전 상황, 뤼순과 블라디보스토크의 군항 및 함대, 극동 지도 외에 병사들의 일상생활, 영웅·장교·명사 등의 초상화, 적십자 활동 등이었다.

당시 가장 유명한 그림엽서(그림 3-6)는 러일전쟁 발발 직후에 상트페테르부르크의 화가 니콜라이 레리히(Nikolai Rerikh)가 적십자에 기부한 〈극동에서〉라고 알려져 있다. 레리히는 러시아 상징주의 미술을 대표하는 인물로 특유의

그림 3-5 불라, 진저우(錦州)에서 찍은 사진(1905)

그림 3-6 니콜라이 레리히의 그림을 이용한 그림엽서 〈극동에서〉

종교적이고 신비한 풍모가 이채로웠다. 이 그림엽서에는 고대 서사시에 등장할 것처럼 갑옷과 투구를 착용한 러시아인 영웅이 일본 무사와 대치하고 있는 모습이 그려져 있다. 일본인 무사의 표정도 늠름해서 이를 본 러시아인들은 자신들이 극동에서 싸우고 있는 상대가 미지의 존재이기는 하나 문화를 가진 나라임을 재인식했다고 한다.

또 화가 니콜라이 사모키시(Nikolai Samokish)의 화집 《1904~1905년의 전쟁—화가의 일기에서》도 도시에서 인기를 누렸다. 사모키시는 1904년에 잡지 《니바》의 전쟁 특파원으로 전선에 나가 그곳의 혹독한 생활과 고난의 상황을 생생하게 그렸다. 그의 화집은 당시 엄청난 인기를 끌었을 뿐 아니라 오늘날까지 여러 차례 복각되고 있다.

루복과 달리 러시아에서 그림엽서나 데생을 그린 이들은 프로 화가, 특히 러시아 예술가 연합의 관계자였다. 사모키시처럼 신문사나 잡지의 특파원으로 전선에 파견된 사람도 있었고, 러시아 적십자사의 분견대에 동행한 사람도 있었다. 파리 유학 경험이 있는 예브게니 랑세레(Yevgeny Lansere)도 그중 한 명으로 만주의 풍경화 등을 그렸다. 또 레프 코왈스키(Lev Kowalski)는 남러시아나 우크라이나 등에서 활약한 전사 집단 코자크의 전투를 그림의 소재로 삼았다. 그들은 프로 화가였으며, 그 표현은 루복에 나타난,

일본군을 조롱하는 묘사와는 전혀 달랐다.

그림엽서 발행처를 살펴보면, 상트페테르부르크에서는 고리키야 빌보르그사(社), 러시아 적십자사의 성 에브게니 야회(會), 위에르만 인쇄소, 미러 인쇄소, 모스크바에서는 에피모바사(社), 셰라 나브고르츠 사진관, 오데사(Odessa)에서는 피코프스키 사진관, 레벨(현재의 탈린Tallinn)에서는 미크위츠 인쇄소 등을 들 수 있다. 특히 미러 인쇄소가 발행한 그림엽서에는 일본군의 모습이 자주 등장한다(Sergeyevna, M. D., 2016).

'전쟁열'에서 '혁명열'로

1905년 중반부터 러시아 각지에서 제1차 혁명이 일어나자 러일전쟁을 주제로 한 그림엽서에 쏟아지던 관심과 수요는 격감했다. 많은 출판사가 신규 생산을 중단하고 이미 인쇄해 둔 그림엽서를 헐값에 팔았다. 결국 러시아의 그림엽서는 동해 해전[6]이나 일본군의 사할린 점령 등의 모습을 그린 것이 없어 러일전쟁의 종반을 전하지 못했다.

---

6) 우리나라의 동해를 가리킨다. 일본은 '일본해 해전'이라고 부른다._편집자

즉, 러시아에서는 러일전쟁을 그린 판화 붐이 2년도 못 갔으니 농촌, 도시 할 것 없이 '혁명열'이 '전쟁열'을 집어삼킨 셈이라고 볼 수 있다. 1905년 9월 5일에 러일 간에 포츠머스 강화조약이 체결되자 그때부터 러일전쟁 그림엽서는 거의 유통되지 않았다. 다만 민중 판화 루복은 러일전쟁과 러시아혁명을 거쳐 1930년대까지 만들어졌다. 일본의 니시키에가 러일전쟁 시기를 기점으로 쇠퇴한 것과 비교하면 루복의 수명이 더 길었다.

1900년대의 러일 양국 국민은 정부의 홍보가 아니라 민간에서 유통한 판화 매체를 통해 전쟁을 실감했다. '전쟁 승리'을 부르짖고 '전쟁열'을 부추긴 매체 탓에 양국 국민에게는 전쟁이 종결된 후에도 그 여파가 강하게 밀려들었다. 제국 일본에서는 포츠머스 강화조약에서 배상금이 인정되지 않아 전비 조달을 위해 차입한 외채가 그대로 빚으로 남은 탓에 국고가 쪼들리고 국민 생활이 압박받은 것이다. '전쟁에 이기고도……'라는 생각에 불만이 쌓인 사람들은 히비야 방화 사건[7]을 일으킨다.

---

7) 러일전쟁은 일본의 승리로 끝났지만, 일본도 엄청난 인적, 물적 손해를 입었다. 이에 일본인들은 러시아로부터 당연히 배상금을 받는 줄 알았다. 1905년 9월 5일, 도쿄 히비야 공원에서 러일전쟁 승전 축하회를 위해 사람들이 몰려들었다. 그런데 러시아로부터 전쟁 보상금을 하나도 받지 못한 것이 알려지자, 이 집회는 폭동으로 바뀌었다. 성난 집회 참가자들은 내무대신 관저, 어용 신문이었던 고쿠민신문사, 파출소 등에

한편 엄청난 희생을 치르면서도 승리를 인정받지 못한데 대한 불만으로 러시아 제국의 농촌 지역에서는 소요 사건이, 도시 지역에서는 노동운동이 빈발했고, 이는 혁명운동으로 이어졌다.

이어지는 4장에서는 1910년대를 다룬다. 독일과 미국에서는 강온 양면의 프로파간다 공작이 시작된 시기였으며, 프로파간다 역사에서는 하나의 획기적인 시대로 꼽을 수 있는 시기다. 제1차 세계대전 와중에 중국 및 서태평양에서 일어난 일독전쟁을 살펴보자.

불을 질렀다.

4장

제1차 세계대전 시기

—일독전쟁을 둘러싼 보도 선택(1910년대)

'권두화 3'의 그림지도는 1914년 9월 쇼비도(尚美堂)에서 발행한《유럽 대전란 화보》시리즈 중 한 장이다. 제국 일본은 갑옷과 투구를 걸친 무사로 희화화되었고 각 지역도 왜곡된 이미지로 채워졌다. 다만, 이미지의 형상이나 크기 차이를 통해 당시 일본이 어느 지역을 '위협'으로 여겼는지 추정할 수는 있다. 제1차 세계대전 시기에 제국 일본이 대치한 상대는 지도 속에서 그다지 위협적으로 묘사되지 않았으나 각국의 화살이 꽂힌 멧돼지, 즉 독일이다.

유럽 세계에서 제1차 세계대전(1914~18)은 국민, 자원, 생산력을 모두 쏟아부어 싸운 총력전이었다. 그러나 멀리 떨어진 제국 일본에 그 전쟁은 이노우에 가오루(井上馨)의 말처럼 "하늘의 도움"으로 받아들여졌다. 일본은 독일과의 단기 결전으로 칭다오(青島)를 점령해 대륙 침공의 발판을 마련했으니까 말이다(호소야 유이치細谷雄一, 2015).

당시는 전황 사진을 게재한 신문, 화보 잡지, 사진첩, 그림엽서 등 다양한 인쇄 매체가 유행하던 시기였으며, 그 외에 상설 영화관에서 상영되는 영화도 보급되는 중이었다. 프로파간다와 보도에 이용되는 시각 매체가 거의 총동원된 시기였다.

1. 칭다오 전투를 둘러싼 보도

전쟁의 발단

1914년 12월 18일에 열린 도쿄역 개장식은 제1차 세계대전 와중에 열린 군중 행사였다. 당일에는 일독전쟁(1914년 8~11월)을 지휘한 육군 중장 가미오 미쓰오미(神尾光臣) 등의 개선 귀환식까지 개최되어 도쿄역을 무대로 두 가지 행사가 열렸다. 청일·러일 양 전쟁에 출정한 가미오는 제18사단장으로서 독일령인 자오저우만(膠州灣) 조차지 공략전을 진두지휘하여 두 달 만에 칭다오를 함락시킨 인물이다.

제국 일본이 제1차 세계대전에 참전한 것은 1914년 8월 23일이다. 당시의 총리대신 오쿠마 시게노부(大隈重信)는 독일과의 국교를 단절하고 선전포고를 했다. 제국 일본은 청일전쟁 후에 있었던 '삼국 간섭'에 대해 원한을 품고 있었는데, 8월 4일에 영일동맹의 동맹국 영국이 독일에 전쟁을 선포하자 참전을 결정하게 된 것이었다(참모본부 엮음, 2001).

하지만 이 같은 외교상 이유 외에 국내 경제 성장이 부진한 가운데 만주와 화베이(華北), 한반도의 경제 이권을 다시 만들어내기 위해서는 해당 지역에서 독일의 영향력을 배제해야 한다고 판단한 것도 큰 요인이었다. 이 점은 친영주의

자인 가토 다카아키(加藤高明) 외상도 참전일에 언급한 바 있다(가베 마사아키我部政明, 1982).

실제로 청일전쟁 이후 계속되어 온 일본의 경제 성장이 1910년에는 한계에 달했고, 제1차 세계대전이 시작될 때까지 5년 동안은 '성장 신화'에 먹구름이 드리운 상태였다. 게다가 3장에서 언급한 바와 같이 러일전쟁의 막대한 전비를 충당하기 위해 발행한 외채의 변제금이 국가 재정을 압박하고 있었다. 무거운 세금 문제를 해결하는 것이야말로 시급한 과제로 인식됐다. 그래서 제국 일본의 참전에는 경제 침체에서 탈출하겠다는 정부의 의도가 내포되어 있었던 것이다.

그런데 칭다오 전투는 불과 두 달 만에 끝났는데도 (통계상 차이는 있지만) 전비는 약 8억 8,250만 엔에 달했다고 한다. 이는 청일전쟁(15개월)이나 대만 진압(22개월)에 든 돈의 약 네 배, 20개월에 걸쳐 치러낸 러일전쟁 전비의 약 2분의 1에 해당했다(사이토 세이지齋藤聖二, 2001). 대외 전쟁은 국민의 응집력을 높이는 계기가 되었지만, 반대로 국가재정을 압박하는 심각한 사안이 되어 장래에 화근을 남기고 말았다.

독일과 일본의 보도 전쟁

일본 국민은 영국과 함께 싸운 일독전쟁을 어떻게 바라 봤을까? 사실 경제 회복과 영토 확장은 정부뿐만 아니라 일본 국민도 진심으로 기대한 바였다. 신문사는 여론에 따라 경쟁적으로 보도전을 펼쳤고 출판계도 이에 호응했다. 전쟁을 부추겨야 신문이든 출판물이든 잘 팔렸기 때문이다. 이렇게 언론은 사업으로 변했고, 그에 따라 전의를 고양하는 프로파간다 시스템이 형성되었다. 그 시작점은 바로 신문과 잡지에 실린 전황 사진이었다.

당시《도쿄아사히》를 보면, 제국 일본의 대독일 선전포고 다음 날인 1914년 8월 24일부터 칭다오 전투가 끝난 직후인 11월 20일까지, 거의 매일 전황 사진이 실렸다. 독자들은 신문의 사진을 통해 전황을 좇았고 신문이 부추기는 대로 전의를 불태웠다.

특히 독일의 패배가 확실시되던 11월부터는 보도 기세가 굉장했다. 예를 들어, 칭다오 포위군의 종군 사진반으로 파견된《오사카아사히》의 다카우라 시보(高浦紫眸)를 보자(11월 4일 자). 다카우라 특파원은 전쟁터에 도착한 지 이틀 만에 '칭다오 함락' 등의 사진을 촬영했다. '호외' 일면에는 특대 사진 두 점, 2면과 4면에는 전면을 사용해 각각 여덟 점의 사진을 게재했다. 과거처럼 사진을 일러스트 대신 작게 신는 것이 아니라 지면을 사진으로 뒤덮어 전쟁을 박력 있게 전하는 방식이 이때 확립되어 이후 계승되었다.

《요미우리》는《아사히》와의 차별화를 꾀하기 위해 여성에게도 전쟁에 대한 흥미를 불러일으키고자 했다. 1914년 4월 3일부터 1919년 9월 10일까지 일요판에 실린 '요미우리 부인 부록'에는 전시에 여성이 지녀야 할 마음가짐과 장병 가족의 사진 등이 소개되었다. 전쟁을 위한 총동원 체제를 촉구하는 프로파간다 보도로서의 특징이 여기에서도 드러난다.

신문이 전황 사진을 대대적으로 다루자 반향이 엄청났다. 각종 업계도 신문 지면을 이용해 선전 효과를 얻고자 했다. 예를 들어, 11월 9일 자《도쿄아사히》에는 여러 기업이 '축 칭다오 함락' 광고를 냈다. 은행, 보험, 인쇄·출판사, 일용품, 제약회사, 의류점, 음식 제조업, 식당 등 다채로운 광고가 실렸다.

적국인 독일도 미국 등 중립국 기자를 끌어들여 칭다오 요새의 농성 기록을 내보내며 내셔널리즘을 자극했다(다카하시 겐타로高橋健次郎, 2003). 후술하겠지만, 신문과 잡지에 실린 풍자화 및 그림엽서에는 제국 일본에 대한 악의를 바탕에 깐 이미지가 담겼다.

출판업계에 미친 영향

일본의 출판업계도 전쟁 기획물을 제작했다. 그중에서도 도쿄 시 니혼바시 구 혼초에 있었던 대형 출판사 하쿠분칸과 간다에 있었던 후잔보가 발매한 화보 잡지의 부수 경쟁이 극도로 치열했다.

하쿠분칸은 일독전쟁이 시작된 1914년 8월에 《유럽 전쟁 실기》를 창간했다. 가로 18cm × 세로 26cm의 판면에 사진 한두 점만 할당한 디자인은 참신했다. 그 증간호인 《세계대전 사진 화보》는 시각적 선전 효과를 의도한 듯한 특집호였다. 2호와 3호(1914년 12월, 1915년 1월)는 칭다오 함락 기념호로 삼색판, 이색판, 흑백으로 인쇄된 전황 사진이 지면을 채웠다.

한편 후잔보에서도 《대전 사진 화보》 창간을 단행했다. 가로 93·9cm × 세로 127cm의 거대한 판면에 200여 점의 삼색판, 광택 사진, 대형 흑백사진을 실었다. 특히 11월호, 12월호는 칭다오 공략 사진 특집호로 발행되어 '대전 실황을 직접 보는 듯하다'라는 평가를 얻었다.

민간의 보도전보다 한발 늦게 1916년이 되어서야 참모본부는 도쿄가이코샤(東京偕行社)에서 《다이쇼 3년 일독전쟁사 사진첩》을 출판했다. 이 사진첩에는 교전 사진은 없고 전투가 벌어졌던 지역의 고즈넉한 풍경 등을 담은 기록 사진이

그림 4-1 독일의 만화 잡지에 실린 일본 풍자화

실렸다. 사진은 임팩트가 부족해 '전쟁열'을 자극하는 것과
는 거리가 멀었다.

전황 사진은 독자들에게 선명한 인상을 주기는 하지만,
찍은 필름을 운반하기가 어려워 속보성이 떨어진다는 문
제가 있었다. 그래서인지 해외 신문이나 잡지에는 풍자화
가 많이 이용되었다. 예를 들어, '그림 4-1'은 하이델베르크

(Heidelberg)대학교 도서관이 소장한 만화 잡지《이상한 잎 (Lustige Blätter)》제35호(1914)에 실린 그림이다. 욱일기를 든 악마 같은 일본군이 독일 자오저우만 조차지(산둥 성)로 손을 뻗는 모습이 그려져 있다.

교전 상대국이었던 독일 이외의 나라에서도 일본인에 대한 이미지는 좋지 않았다. '그림 4-2'는 주간 화보잡지《뉴질랜드 옵서버(The New Zeal and Observer)》1914년 8월 29일호의 표지 일러스트다. 메이지 일왕을 연상시키는 일본인이 '독일에 대한 최후통첩'이라고 새겨진 칼을 뻗어 '유럽대전'이라고 적힌 파이 속에서 독일령 조차지인 '자오저우(Kiaochou)'라는 과실을 꺼내려 하고 있다. 유럽 전선이 확대되는 와중에 동아시아에서 은밀하게 이득을 챙기려는 제국 일본에 대한 비아냥이 담겨 있다.

전쟁화와 전쟁 영화의 인기

제1차 세계대전이 발발하자 정체되었던 판화 판매가 약간 활기를 띠었다. 1914년 8월 13일경부터 그림책 판매상의 매장으로 독자들을 끌어들인 것도 다색 석판 인쇄로 찍어낸 전쟁화였다. 특히 쇼비도에서 펴낸《유럽 대전란 화보》가 인기를 끌었다. 시리즈의 마지막 한 장은 11월 7일에

THE NEW ZEALAND
OBSERVER
AN ILLUSTRATED JOURNAL OF INTERESTING AND
AMUSING LITERATURE.

Smart, but not vulgar; fearless, but not offensive; independent, but not neutral; unsectarian, but not irreligious.

ESTABLISHED 1880.

VOL. XXXIV.—No 51.]   SATURDAY, AUGUST 29, 1914.   [THREEPENCE

A FINGER IN THE PIE.
The Jap: Now for a Japanese plum!

그림 4-2 뉴질랜드 잡지에 실린 일본 풍자화(1914)

칭다오가 함락되는 모습, 〈칭다오의 독일군, 사령을 보내 일본군에게 항복하다〉라는 상황을 그린 것이다.

당초《유럽 대전란 화보》는 히로시마나 홋카이도 등 지방에서 인기를 끌었지만, 제국 일본의 참전을 계기로 도시 지역에서도 불이 붙더니 어느새 판로를 해외로 넓혔다. 그중 샴(태국)과 조선에서 특히 주문이 많았다(《도쿄아사히》, 1914. 9. 12). 다만 석판화 화공이 그린 그림은 대부분 이전의 니시키에와 마찬가지로 공상의 산물이었다. 전황 정보의 신빙성은 이미 사진으로 넘어간 뒤였다.

그림엽서 시장은 변함없이 활황을 보였다. 칭다오 전투가 한창일 때의 모습을 담은 그림엽서는 드물다. 그런데 1898년에 독일이 자오저우만의 조차를 시작한 이래 이국적인 정서가 가득한 칭다오의 풍경을 그린 그림엽서는 독일에서도 인기를 끌었다. 독일 역사박물관이 소장한 '그림 4-3'의 그림엽서에는 1914년에 자오저우만 조차지를 공격한 일본·영국 양군이 독일군에 의해 격퇴당하는 스케치화가 이용되었다. 자국군의 우위를 묘사한 이 전쟁화는 자주 사용된 것으로 보이는데 독일 식민지 부인협회의 기관지《식민지와 모국(Kolonie und Heimat)》의 1914년 11월호 표지에도 실렸다. 그러나 현실에서는 이 같은 '승전' 풍경이 극히 드물었다.

그림 4-3 독일의 채색 그림엽서(1914년경)

그림 4-4 일독전쟁 후에 발행된 그림엽서

한편, 제국 일본이 자오저우만을 접수한 뒤에도 종종 칭다오의 거리 풍경을 찍은 사진은 경승지 그림엽서로 판매되었다. '그림 4-4'의 그림엽서는 그중 한 장으로 1916년 칭다오 충혼비 안에 육·해군 장병 전사자 1,000여 명의 유골을 봉안하는 광경을 담은 것이다. 일본 본토에서 가장 가까운 이국적인 '외국' 풍경은 독일이 정비한 거리 모습이었다.

신문의 보도전은 무대극에도 영향을 미쳤다. 도쿄마이유(東京每夕)신문사가 주최하고 호카액(화장수)을 판매하던 호리코시 가타로 쇼텐(堀越嘉太郎商店)의 후원으로 1914년 11월 30일과 12월 1일 가부키 극장에서 '칭다오 함락 축하 관극회'가 열렸다. 5대 나카무라 우타에몬(中村歌右衛門), 11대 가타오카 니자에몬(片岡仁左衛門), 15대 이치무라 우자에몬(市村羽左衛門) 등 가부키계의 뛰어난 인물들이 출연했을 뿐 아니라, 그들의 아들들도 공연이 끝난 뒤 여흥으로 하카마오도리(袴踊)라는 춤을 선보였다고 한다(《도쿄아사히》, 1914. 11. 29).

또한 1914년 이후에는 칭다오 전투에 관한 영화를 상영하는 것이 군중 행사로 자리 잡았다. 과거에 영화는 순회 상영하는 방식이었지만, 1910년대에 이르러서는 영화관이라는 오락 시설에서 즐기는 문화 습관으로 정착했기 때문이다. 신문의 전황 사진에 비하면 그 영향력이 한정적이었지만, 닛카쓰주식회사와 천연색활동사진주식회사(덴카쓰) 계열의 영화관이 상영회를 실시했다. 특히 닛카쓰의 칭다오 특파원이 찍은 〈칭다오 포위군 전황〉의 기록 필름은 도쿄에 도착한 다음 날에 벌써 아사쿠사의 유라쿠관(遊樂館) 등의 영화관에서 동시에 상영되었다. 모든 상영관은 첫날부터 북새통을 이루었다. 게다가 11월 23일부터는 도쿄 시내의 지요다관 같은 영화관에서도 상영되어 "엄청난 갈채가 쏟아진다"라는 호평을 얻었다(《요미우리》, 1914. 11. 15; 《도쿄아사히》, 11. 23).

그 밖에 연합국인 프랑스와 영국에서 수입된 전쟁 필름도 영화관에서 상영되었다. 개중에는 대사관에서 상영회를 가진 뒤 닛카쓰나 덴카쓰로 넘어간 필름도 있어 외교기관의 '사전 검열'을 거친 영화가 상영됐을 가능성도 제기된다(얀 슈미트Jan Schmidt, 2014). 수입된 대독일전 영화도 인기를 끌었던 것이다.

2. 남양군도의 일독전쟁

제국 일본의 서태평양 진출

신문, 잡지, 활동사진을 접한 일본 국민은 칭다오 전투에 관심을 쏟았다. 그것에 비해 1914년 10월 22일, 서태평양의 독일 보호령에서 일어난 전투는 그 후에도 그다지 화제가 되지 않았다. 바이로이트(Bayreuth)대학교의 헤르만 히에리(Hermann Hiery) 교수는 제1차 세계대전 시기에 이 지역에서 일어난 영일 연합군과 독일의 전쟁은 역사가들로부터 '무시당한 전쟁'이었다고 지적했다(Hiery, Hermann, 1995).

1914년 8월 23일의 대독일 선전포고 후에 시작된 칭다오 전투에서 독일 측은 시종 열세를 보였다. 독일군 약 4,800명에 비해 일본군은 10배 이상인 약 6만 5천 명의 병사가 참전해 일본이 전력 면에서 압도적 우위를 차지했기 때문이다. 독일 병사들의 전쟁에 대한 염증은 날로 심해져 전선 이탈이 잇따랐다. 자오저우만 조차지를 거점으로 삼았던 독일 상선은 중립국이었던 미국이 비호하는 필리핀 군도나 네덜란드령 동인도 제도(자바, 술라웨시, 보르네오 등), 북미 태평양 연안, 아프리카 동쪽 연안과 남미로까지 피난했다. 독일 해군 동양함대의 장갑 순양함 샤른호르스트(Scharnhorst) 조차 도주했다고 한다(《도쿄아사히》, 1914. 9. 11;《요미우리》, 9. 18).

연합국 편에 선 호주, 뉴질랜드 해군은 영국 해군의 지휘 아래 독일 태평양 보호령인 뉴기니와 사모아를 침공해 순식간에 두 섬을 점거했다. 게다가 호주군은 11월에 인광석 수출로 유명한 나우루 섬을 점령한다. 독일령 뉴기니에서

그림 4-5 독일령 뉴기니에서 군사 연습 중인 원주민 신병들

는 '그림 4-5'와 같이 독일 해군이 섬 주민을 병력으로 조직
해 전쟁에 동원하며 항전했지만, 전황은 호전되지 않았다.

일본 해군은 1914년 9월 말, 독일 해군의 동양함대를 추
격하기 위해 전함 사쓰마(薩摩) 외에 순양 전함, 장갑 순양함,
경순양함, 연습 순양함 등을 적도 이북의 마리아나(Mariana)
제도, 캐롤라인(Caroline) 제도, 마셜(Marshall) 제도 등을 총
칭하는 남양 군도에 파견했다. 그곳에서는 큰 저항 없이
10월 14일에 독일 해군의 작전 요지를 차례로 점령했다.

그런데 일본 해군이 내세운 독일 해군 토벌의 진정한 이
유는 무엇이었을까? 사실 당시 일본 정부는 남양 군도에 매

장되어 있던 석탄, 인광석 등 지하자원에 큰 관심이 있었다. 이러한 사실은 전쟁이 종결된 1914년 말부터 1915년 초가을까지 일본군이 이 섬들의 지하자원 매장량을 정력적으로 조사한 것만 봐도 알 수 있다. 일본 해군이 서태평양을 침공한 진짜 목적은 독일 보호령의 천연자원이었다.

그렇다면 독일 해군은 왜 그리도 쉽게 패했을까? 독일은 뉴기니의 라바울(Rabaul)에 총독을 파견했고, 야프(Yap), 포나페(Ponape), 잘루이트(Jaluit) 주에서는 독일인 지사가 통치를 맡았다. 그런데 남양 군도의 식민지를 방어하기 위한 안전보장에 대해서는 경시하고 있었던 것으로 보인다. 보호령의 실질적 관리는 잘루이트회사, 독일 남양인광석회사, 태평양인광회사, 뉴기니상회 등 민간기업이 맡고 있었다. 안보보다 경제적 이익을 우선시한 결과, 통치의 취약성을 노출한 채 전쟁에 돌입한 것이다(Hiery, Hermann, 1995).

1차 세계대전 후, 제국 일본이 독일을 대신해 남양 군도의 통치를 맡게 되자 서태평양에 대한 일본인의 관심도 높아졌다. 일본계 이민이 늘었고 일본계 기업도 진출했다. 현지에서 일본인의 풍속을 그린 비주얼 주간지《남양 퍽(PUCK)》[1] 등도 출간되었다. 그리고 1919년 6월에 체결된

---

1)《퍽(PUCK)》은 1871년에 창간된 미국 최초 만화 잡지로 당시의 이슈,

베르사유 조약에 따라 일본 본토에서 멀리 떨어진 남양 군도 일대를 제국 일본의 위임통치령으로 삼는다는 내용이 승인되었다.

다만 훗날 제2차 세계대전 시기에 제국 일본의 권역을 지키기 위해 남양 군도에 파견된 일본군 병사들이 굶주림과 역병으로 고통받은 상황을 고려하면, 남양 군도의 위임통치를 결정한 국제적 합의가 바람직한 미래로 이어졌다고 보기는 어렵다. 역사가 그것을 증명한다.

독일인 포로의 시각적 이용

1차 세계대전 후, 칭다오 등 산둥 성과 남양 군도에 억류된 독일인 포로 상당수는 일본 각지의 수용소로 보내졌다. 이들 수용소는 러일전쟁 이후 설치되었던 러시아인 포로수용소가 선행 모델이다. 독일인 포로수용소는 1914년 10월에 설치된 후쿠오카 현 구루메 시를 시작으로 지바 현 나라시노 시, 나고야 시, 효고 현 가사이 시의 아오노가하라, 히로시마 시의 사이시마, 도쿠시마 현 나루토 시의 반도(板東)

사회 문제를 다루었다. 이를 본떠 일본에서는《도쿄 픽》(1905),《남양 픽》등이 창간되었다.

등 일본 내 열여섯 곳에 설치되었다.

일독전쟁이 끝난 뒤에도 독일인 포로들은 수용소로 보내졌다. 신문에는 자오저우만 조차지의 발덱(Alfred Meyer Waldeck) 총독 등 독일인 장교들이 후쿠오카 수용소에서 나라시노 수용소로 이송된 사실을 사진을 첨부해 보도했다 (《도쿄아사히》, 1915. 6. 23, 7. 4, 1918. 3. 26). 각 수용소는 그 후 합병, 통합되었고 베르사유 조약이 발효된 3개월 뒤인 1920년 4월에는 모두 폐쇄되었다.

이러한 독일인 포로의 존재는 민관 매체의 입장에서는 '전쟁열'을 고양할 수 있는 최고의 소재였다. 당시 프로파간다 매체의 집대성이라 할 수 있는 것이 1918년 포로정보국에서 발행한《다이쇼 3, 4년 전역[2] 포로 사진첩》이다. 이 사진첩에는 훗날 베토벤 교향곡 제9번이 일본에서 처음 연주된 장소로 유명해진 반도 포로수용소(나루토 시) 사진이 수록되어 있다(그림 4-6).

다만, 이 사진첩은 제국 일본이 연합국의 일원으로서 1899년에 체결한 헤이그 육전 조약의 포로 조항을 준수하고, 포로들을 인도적으로 처우하고 있음을 대외에 알리려는 의도로 만들어졌다. 국제사회를 향한 프로파간다의 소

---

2) 일독전쟁을 가리키는 일본 내 표현

그림 4-6 도쿠시마 현 나루토 시의 반도(板東) 포로수용소의 독일인 포로들

재로 독일인 포로를 시각적으로 이용한 것이다.

프로파간다 역사의 전환점

제1차 세계대전 시기는 프로파간다의 역사에서 중요한 전환기였다. 독일에서는 대중을 동원한 프로파간다 공작을 전개했고, 윌슨(Thomas Woodrow Wilson) 대통령이 이끌던 미국은 중립선언을 뒤집고 여론을 참전 찬성으로 이끌기 위해 새롭게 심리적 유도 전술을 개발했기 때문이다. 미국 정부는 그러한 프로파간다를 위한 첫 국가기관으로 홍보위원회(CPI)를 설치하고 신문기자 경험이 있는 조지 크릴(George Creel)을 공동위원장에 앉혔다.

이 새로운 프로파간다 공작은 신문, 라디오, 영화, 포스터, 전단, 미술품, 일러스트, 만화 등 신구 모든 매체를 이용해 사람들에게 전쟁에 대한 흥미를 일으킴과 동시에 무의식중에 공포와 불안을 심어주어 아메리카니즘에 따른 정의감을 샘솟게 하는 심리 전술이었다. 위원회는 독일이 휴전협정에 조인한 1918년 11월 해산되지만, 해외에서 전개하던 프로파간다 공작 기법을 각 지역이 모방해서 사용했다(제임스 모크James R. Mock 외, 1943).

그런데 돌이켜보면, 일상 공간 속에 전쟁의 이미지를 침투시켜 무의식적으로 적과 아군에 대한 상반된 감정을 빚어내는 선전술은 1900년대부터 시작됐다고도 볼 수 있다. 러일전쟁 시기에는 이미 미국뿐 아니라 프랑스, 독일에서도 초콜릿, 담배, 코코아, 가루세제 등 일용품을 살 때마다 전쟁 이미지를 도안한 교육 카드와 트레이드 카드를 경품으로 제공했다. 서구에서 급속히 퍼진 카드 수집 열풍은 낯선 땅에서 일어난 전쟁을 친근하게 느끼게 하는 효과로 이어졌다고 평가된다. 일본의 그림엽서 열풍보다 조금 전에 일어난 일이었다.

어쨌든 1910년대 말에 등장한 미국의 프로파간다 전략과 기술은 1920년대 이후 영국, 독일, 소련에서도 실천되면서 점차 세계 각국으로 퍼졌고, 마침내 제2차 세계대전에서 '꽃을 피우게' 된다.

물론 제국 일본도 예외는 아니었다. 1920년대에는 외무성 정보부가 중심이 되어 제1차 세계대전 시기에 미국이나 캐나다 등에서 이용된 프로파간다 포스터를 수집하기 시작했다. 컬렉션의 일부는 현재 도쿄대학이 소장하고 있다(요시미 슌야吉見俊哉 연구실 엮음, 2006).

이어지는 5장에서는 1920년대, 중국과 미국에서 일어난 반일운동이 정부와 언론계의 관계에 어떤 변화를 일으켰는지, 전황 사진과 공전의 영화 열풍이 어떤 역할을 했는지를 살펴본다. 제국 일본으로서는 각국에서 반일운동이 시작되고 간토(関東) 대지진, 금융 인플레이션, 기업 도산으로 인한 실업자 증가 등 그야말로 끝없는 수난의 시대였다. 다이쇼 말기와 쇼와(昭和) 초기는 새로운 전쟁의 발소리가 들리는 시대였다.

5장

중국, 미국의 반일운동

—보도와 정치의 관계(1920년대)

이 장에서는 1920년대에 일어난 두 가지 반일 움직임에 초점을 맞춘다. 첫 번째는 1928년, 산둥 출병[1] 직후에 일어난 반일운동이다. 산둥 출병이란, 1928년 5월에 중화민국 베이징 정부를 토벌(북벌)하기 위해 북상한 장개석이 이끄는 국민혁명군(남군)과 일본인 거류민 보호를 명목으로 파병된 일본군(제2차 산둥 출병) 사이에 벌어진 무력 충돌이다. 그리고 두 번째 반일운동은 그보다 4년 전에 '1924년 이민법'(일반적으로 배일 이민법으로 알려짐) 제정을 위해 미국에서 일어난 반일 움직임인데, 이를 계기로 일본에서는 반미운동이 일어났다.

이들 사건은 거의 비슷한 시기에 태평양의 동과 서에서 일어났다. 중국과 미국에서 일어난 반일운동을 형상화한

---

1) 일본이 중국 전토의 통일을 꾀하는 국민 정부군의 북상을 저지하기 위해 일본 거류민의 보호를 구실로 산둥 성에 군대를 파견한 사건. 1927년 5월, 1928년 4월, 5월의 3회에 걸쳐 출병하였으나 중국 국민의 배일운동만 격화되었다.

시각 매체(포스터와 신문 일러스트, 영화 등)는 이들 사건뿐 아니라 이후에 일어난 중일, 미일 간 전쟁에 어떤 영향을 미쳤을까?

이 시기, 반일운동에 대한 대응이 급박했던 일본 정부는 한층 더 언론계와의 거리를 좁히게 된다.

1. 산둥 출병과 일본 화폐 배척을 둘러싼 중일 양국의 보도

국민 혁명군과 일본군의 충돌

20세기 최초의 반일운동은 1908년으로 거슬러 올라간다. 고베의 상선 제2다쓰마루(辰丸) 호가 청 해역에서 밀무역을 벌이다 청의 관헌에 나포된 사실이 발각되면서 광저우와 홍콩에서 반일 시위가 벌어진 것이다. 반일운동은 여기서 그치지 않고 그 후 10여 년간 적어도 다섯 번은 반복해 발생했다(일화실업협회日華実業協会, 1929).

1928년, 산둥 출병을 계기로 일어난 반일운동은 일본 화폐 배척, 불평등조약 철폐를 호소했는데, 이전의 운동과는 이질적인 양상을 보였다. 중국인 상공업자들이 경제적 손실에 반발해서 일본 화폐 배척을 주장했던 이전과는 다르게, 산둥 출병 때 일어난 반일운동은 나중에 정권을 장악하는 중국국민당이 운동을 조직화한 관제 반일운동이었다는 측면을 부인할 수 없기 때문이다.

당시 국민 혁명군은 한창 북벌 중이었다. 다나카 기이치(田中義一) 내각은 이러한 움직임에 대해 일본인 거류민을 보호한다는 명목으로 1927년 5월부터 1년간 세 차례에 걸쳐 산둥 성 파병을 단행했다. 1927년 말 당시, 산둥 성의 일본인 거류민(조선인, 대만인 포함)은 칭다오에 1만 3,639명, 지난(제남)에 2,160명, 즈푸(芝罘)에 345명, 그 밖에 1,133명, 합계 1만 7,000여 명이 있었다는 기록이 남아 있다(외무성 아세아국 엮음, 1927).

1928년 산둥 출병이 발발한 뒤인 5월 9일 파견된 나고야 제3사단은 11일에 벌써 지난 성을 점령(제3차 산둥 출병)했다. 칭다오가 제국 일본의 조차지였던 것과 달리 지난은 제국 일본의 주권이 미치지 못하는 곳이었는데도 일본인 거류민을 보호한다는 명목으로 파병한 것이다. 이 같은 군사행동은 당시 국제공법에 비추어도 위법임을 부인할 수 없다. 단, 후술하는 바와 같이 반일운동의 원인은 지난 파병에 대한 반발이 다는 아니었다.

전황 사진을 공수하다

산둥 출병 소식은 순식간에 중일 양국에 퍼져나갔고, 양측의 전투행위에 대한 비판전이 시작됐다. 일본 신문사들도 앞다투어 특파원을 현지에 파견했다. 특히 《아사히》는 특파원이 찍은 사진을 비행기로 수송해 속보성 면에서 타사를 압도했다. 《도쿄니치니치(東京日日)》도 현지 사진 촬영에 온 힘을 쏟으며 공수로 전달받은 전황 사진을 정리해 《오사카 마이니치》와 공동으로 1928년 5월 20일에 대판 화보 〈산둥 출병 화보〉를 발행했다.

《오사카아사히》는 4월 19일에 일본 정부가 제2차 산둥 출병을 결의하자 곧바로 본사에서 사회부 기자 미야자키 시로(宮崎志朗)와 사진 기자 미야우치 요시카쓰(宮内靈勝) 두 명을 지난에 파견했다. 두 특파원은 4월 26일, 사건 발발 직전에 군에 합류한다. 5월 3일 이후의 현지 상황에 관해 미야자키 특파원은 6일 기사를 타전했고, 이는 "피와 눈물로 얼룩진 참혹한 산둥 출병 조난 실기"라는 선정적인 제목으로 다음 날 호외에 최초의 사건 기사로 게재되었다(《오사카아사히》, 1928. 5. 7. 호외).

또 긴박한 현지 정세 속에서 미야우치 특파원이 비행기를 타고 공중에서 찍은 사진은 철도, 선박, 비행기, 자동차의 바통 릴레이를 거쳐 《오사카아사히》 본사로 운반되었고, 불과 사흘 만에 지면에 실렸다. 기존에 전황 사진 운송이 기차와 선박에만 의존했던 데 비해 비행기를 이용한 사진 운송은 보도의 속보성에 크게 도움이 된다는 사실이 증명되었다.

《도쿄 니치니치》도 5월 10일 자 호외에 "소란스러운 지난에서"라는 제목으로 기둥에 묶인 중국 국민혁명군 포로의 사진 등 일곱 점을 대판으로 게재했다. 이 사진들도 매일 각 신문사 소속 비행기에 실려 모지(門司)항에서 오사카를 경유해 도쿄까지 공수된 것이었다.

이후부터 전황 사진을 해외에서 공수하는 방법이 당연시 되었다. 산둥 출병으로 피해 실태는 심각했지만, 일본 언론 역사에서 보면 획기적인 의미를 지닌 사건이었다고 할 수 있다.

전황 사진의 리얼리티

산둥 출병을 보도한 《오사카아사히》, 《도쿄아사히》, 《도쿄 니치니치》의 지면을 살펴보자. 하나같이 일본인 거류민이 입은 막대한 피해와 국민당 군대의 잔학성을 전하면서 시중의 혼란상을 보여준다. 그런데 기사에 첨부된 사건 사진을 보면, 거리는 질서정연하고 침착한 분위기마저 느낄 수 있다. 기사(문자)와 사진에 이 같은 온도 차가 나는 이유는 무엇일까?

신문 기사의 뉴스는 지난에 주재한 무관이 제공한 정보였다. 앞에서 언급한 미야자키 특파원의 기사처럼 내용이 선정적이면 선정적일수록 독자의 관심을 끌어 판매 부수가 늘었다. 한편, 해외 전황 사진의 내용에 관해서는 검열이 느

슨했던 것 같다. 그래서인지 사진 중에는 아무리 생각해도 검열기관(자체 검열 포함)이 간과한 듯한 중국인 포로들의 처참한 모습이나 제국 일본의 조차지가 아닌 지난 시내를 활보하는 일본군이 찍힌 것들도 뒤섞여 있었다.

그런데 현지 일본어 신문의 카메라맨이 찍은 전황 사진이 일본 본토 특파원이 찍은 공중 촬영 사진보다 리얼리티가 있었다. 예를 들어, 칭다오 최초의 일본어 신문인《칭다오 신보》(1915년 1월 창간)에는 전선의 일본군을 헤치고 들어가 그들과 같은 시선으로 찍은 사진이 다수 실렸다.《칭다오 신보》의 사진은 현지에서도 호응이 높아 〈산둥 성 동란 그림엽서〉로도 발행되었다. '그림 5-1'은 그중 한 장이다. 이 그림엽서에 사용된 사진은 북벌군이 무장해제한 직후의 모습으로 현수막에 중국 국민당이 내건 삼민주의 구호가 보일 정도로 지근거리에서 찍은 것이다.

《만주 니치니치》에 있었던 간노 요시타카(神野良隆)는 《칭다오 신보》가 찍은 사진을《산둥 성 동란 기념 사진첩》(1928)으로 묶어 일본에서도 발매했다. 산둥 출병은 신문뿐 아니라 사진첩이나 그림엽서로도 널리 유통되어 당시 일본인들 사이에도 집단 기억으로 자리 잡게 된다.

그림 5-1 《칭다오 신보》가 발행한 그림엽서

영화 열풍의 시작

일본 내에서 산둥 출병에 관한 흥미가 높아진 계기는 또 있었다. 1920년대 일본을 강타한 공전의 영화 열풍이 그것이다.

산둥 출병을 촬영한 영화는 몇 편인지 확인할 수 있다. 하야시 쇼카이(林商会) 활동사진부가 제작한 다큐멘터리 영화 〈중국 동란 영화—전화의 지난〉(7분, 16mm, 무성, 흑백)은 육군성의 후원에 파라마운트(Paramount)사와의 제휴로 촬영되었다. 제작 지휘는 파라마운트사 뉴스영화반 동양 파견

원인 헨리 고타니(小谷)가 맡고, 촬영은 《요미우리》 본사 특파원이 맡았다. 헨리 고타니는 1920년 영화사 쇼치쿠(松竹) 키네마 창립 당시에 할리우드에서 초청받아 쇼치쿠 가마타(蒲田) 촬영소의 촬영기사장으로 근무하며 일본 영화 촬영 기술의 근대화에 공헌한 인물이다.

〈중국 동란 영화―전화의 지난〉은 5월 22일 밤, 히비야 공원의 야외 음악당에서 개봉되었다. 이 영화를 본 사람만 약 2만 명에 달했다고 한다. 이 같은 사실은 산둥 출병에 대한 심상찮은 관심을 말해준다(《요미우리》, 1928. 5. 14, 20, 23일).

그 밖에 아세아 영화사가 제작하고 스즈키 기요지(鈴木喜代治)가 촬영한 〈산둥 출병〉, 프로파간다 색이 강한 닛카쓰 제작·사에구사 겐지로(三枝源次郎) 감독의 〈의기충천〉, 마키노 프로덕션 제작·요시노 지로(吉野二郎) 감독의 〈아, 산둥〉, 데이코쿠(帝國) 키네마연예가 제작한 〈세리자와 일등병(또는 세리자와 일가)〉, 간토샤(關東社)가 제작한 〈진군나팔〉 등도 대중적인 인기를 얻었다. 줄줄이 만들어진 산둥 출병 관련 영화는 서로 관객을 빼앗는 쟁탈전을 벌였다(《요미우리》, 1928. 6. 2. 등).

1920년대, 영화 제작사들은 사업의 존속을 위해 문화 오락과 보도를 뒤섞은 영화를 만드는 데 열을 올렸다. 영화가 일본에 유리한 내용만 재현해서 대중에 침투시키는 역할을 하는 매체로서 전쟁에 적극적으로 관여했음을 알 수 있다. 이러한 자세를 취하던 영화계는 중일전쟁 시기에 군사 영화를 통해 황금기를 맞는다(7장).

상하이 반일운동의 조직화

산둥 출병은 이후 중국에 어떤 영향을 미쳤을까? 장제스(蔣介石)는 지난 성 함락 다음 달인 1928년 6월 15일에 북벌을 완료하고 국민 정부에 의한 '전국 통일'을 선언한다. 반일운동은 이 움직임에 연동하듯 중화민국의 정권교체 직후에 활발해진다. 정권 기반이 안정되지 않았던 난징 국민 정부는 반일운동을 조직해 정권의 응집력을 높이고자 한 것이 분명했다.

반일의 움직임은 1928년 5월 상하이로 거슬러 올라간다. 산둥 출병이 발발한 직후인 5월 7일에 중국 국민당 최고 의사의결기구였던 중앙집행위원회가 상하이 시당에 상하이 각계의 반항일군 폭행위원회를 발족하라고 지시한 것이다.

참고로 설명하면, 이때 상하이 각계의 반일운동이 첨예해진 것은 5월 9일 '국치 기념일(원래는 국욕 기념일)'과 겹치는 중요한 국면이었기 때문이다. 5월 9일은 1915년 당시 중

화민국 베이징 정부의 위안스카이(袁世凱) 정권이 일본으로
부터 '21개조 요구'에 조인할 것을 강요받은 날이다. 일본
이 중국에 요구한 21개조는, 독일이 누리던 산둥 성 내 권익
을 일본이 계승하며 뤼순, 다롄, 남만주철도 연선 지역의 조
차 기간을 1999년으로 연기할 것을 요구하는 내용이었다.
이러한 일본 측의 요구는 중국인들에게 그야말로 굴욕적인
일로 받아들여졌고, 이에 5월 9일은 중화민국 최초의 국치
기념일로 기억된 것이다. 그 후로 매년 이날은 중국 전역에
서 격렬한 대일 항의 활동이 벌어졌다. 산둥 출병은 바로 이
국치 기념일 무렵에 일어났다. 나중에는 산둥 출병이 일어
난 5월 3일, 만주사변이 일어난 9월 18일도 국치 기념일
로 기억되게 된다.

　7월 21일, 상하이에서는 각계 반항일군 폭행위원회의 주
최로 전국반일대회가 열렸고, 15개 성에서 온 각종 반일 단
체의 대표 100여 명이 모였다. 이러한 움직임은 전국으로
파급되어 각지에 같은 단체가 조직되었다. 8월 18일이 되자
상하이의 각계 반항일군 폭행위원회는 상하이특별시반일
회(반일회)로 명칭을 바꾼다. 운동은 더욱 널리 퍼졌고, 이듬
해 중국 전역에는 350개나 되는 반일 단체가 생겼다고 한다
(《중외상업신보中外商業新報》, 1929. 1. 25).

　반일회의 선전 수단으로는 인쇄물, 포스터, 게시판, 구

두 선전, 시위 등을 꼽을 수 있다. 문맹률이 높았던 당시, 특히 그림이 들어간 선전 포스터는 효과적으로 활용되었다. 짧은 격문, 직관적으로 이해되는 비주얼이 민중에게 먹힌 것이다.

당시 상하이에서 게시된 선전 포스터를 촬영한 사진이 다롄의 만주일보사가 주최한 시국 포스터 전람회에 전시되었다. 포스터의 양과 제작자의 수는 엄청나게 많았다. 아키야마 도요사부로(秋山豊三郎)가 전람회를 도록으로 엮어낸 《시국 및 배일 포스터 사진첩》(만주일보사, 1931)은 당시의 반일 프로파간다를 보여주는 귀중한 자료다.

그중 한 장이 '그림 5-2'다. 1927년 4월에 중국 국민당 산하에 설립된 상하이 공회 조직 통일위원회(일종의 노동조합)가 발행한 《도화 특간》 제3기(발행 연도 불명)에 실린 일러스트다. 이 전단에는 등에 일본 제국주의라고 그려진 유카타를 입은 일본인으로 보이는 인물이 국제공법이라고 적힌 서적을 찢고 국민당 깃발을 창으로 찌르는 장면이 담겨 있다. 등 뒤에 두 인물이 그려져 있는데 한 사람은 베이징 정부의 수반 장쭤린(張作霖)으로 보인다.

이들 프로파간다 매체 중 상당수는 일본군과 일본에 가담하는 중국인 세력을 규탄하고 일본 상품의 보이콧을 호소했다. 그리고 동시에 중국 국민당에 대한 지지를 촉구하

그림 5-2 반일 선전 전단

는 메시지를 담았다.

한편, 이 같은 반일운동에 대해 중국의 일본계 기업과 단체는 어떻게 대응했을까? 1928년 6월에는 상하이에서 금요회라는 일본계 연합 단체가 조직되었다. 이들은 일본 화폐 배척 운동의 동향과 그에 대한 대책을 파악하여《금요회 팸플릿》이라는 정기 보고서를 간행했다. 금요회의 참가자는 미쓰비시상사, 미쓰이물산, 일본상공회의소 외에 상하이의 일본계 방적 관계 업계 모임, 식품 및 공산품, 의약품 조합 등의 대표였다. 그러나 금요회는 반일운동에 대한 안티 프로파간다를 강구하지는 않았고, 수집한 정보는 주로 일본 국내용으로 발행했다(가네마루 유이치 감수金丸裕一 監修, 2005). 이들이 전한 정보는 일본 내의 경제계에 충격을 주었지만, 한편으로는 반일운동을 냉정하게 파악하는 자료의 역할을 했다.

산둥 출병 이후에 이어진 중국의 반일운동은 1929년 3월 28일의 중일 협상에 따라 일단락된 것처럼 보였다. 반일회 같은 단체도 국민 정부의 배일 금지령에 따라 해체를 요구받았기 때문이다(《요미우리》, 1929. 4. 11).

그런데 실제로는 상하이 반일회는 '국민 구국회'로, 전국 반일회는 '전국 국민 배제 불평등조약 촉진회'로 개명하고 활동 목표를 바꾸어 기존의 활동을 이어갔다. 특히 전국 국민 배제 불평등조약 촉진회의 새로운 목표는 6월 8일에 열린 제1회 집행위원회의 결의에 잘 나타나 있다. '동북 삼성에서 적극적으로 일본 화폐를 배척하고 국산품을 애용한다', '일본의 만몽 침략에 관한 자료를 수집해 팸플릿을 발간한다', '각지에 선전대를 파견해 일본의 만몽 침략 현황을 선전한다'는 내용이다(동아경제조사국 엮음東亞経済調査局 編, 1929). 여기서 주목할 부분은 '만몽 문제' 해결이라는 구호가 새로 추가되었다는 점이다. 바로 이 점이 다음 장에서 언급할 만주사변의 포석이 된다.

2. 배일 이민법에 대한 미일 양국의 보도

미국의 반일운동

앞에서는 1920년대 중화민국에서 퍼진 반일운동을 살펴 보았다. 태평양 건너에서는 어땠을까? 1924년 5월 15일, 미국에서 배일(排日) 이민법이 통과되었다(7월 1일 시행). 이 법률의 정식 명칭은 '1924년 이민법'인데 법령 제안자의 이름을 붙여 '존슨-리드 법(Johnson-Reed Act)'으로도 부른다. 이법은 원래 일본인만을 대상으로 한 것은 아니었다.

미국에 불어닥친 일본 배척의 움직임은 1906년 샌프란시스코에서 벌어진 동양인 학생 격리 문제에서 시작되었다. 동양인의 자녀를 백인 자녀들과 분리해 교육하려는 움직임이 일어난 것이다. 이 같은 인종차별적인 일본 배척, 아시아 배척 운동은 머지않아 미국 전역으로 퍼져나갔고, 결국 1924년 미국 의회의 상·하원에서 배일 이민법이 통과되기에 이르렀다.

배일 이민법은 인종별로 이민 할당률을 규정한다는 내용이었다. 그런데 그 할당률이 30년도 훨씬 전인 1890년 당시

체류 인구인 2%를 기준으로 삼았다는 점에서 차별이 분명했다. 또 법령 심의 과정에서 '귀화 불능 외국인의 이민 전면 금지' 조항이 추가되었다. 이에 따라 대상자는 일본계로 한정되었고, 이에 '배일 이민법'이라는 명칭이 통용된 것이다. 법안 심의 과정은 미국이 일본에 대해 매우 위압적인 태도를 취하며, 미국의 국익을 위해서라면 무력 사용도 마다하지 않는 호전적인 나라라는 인상을 해외에 보여주었다.

특히 캘리포니아 주의 각 신문사는 배일 이민법의 제정을 적극 지지했다. 《샌프란시스코 이그재미너(The San Francisco Examiner)》가 대표적인 예이다. 1924년 6월 1일 자 이 신문에는 다음과 같은 풍자화가 실렸다(《도쿄아사히》, 6월 19일 자에 전재). 풍자화에는 제국 일본을 나타내는 작은 쥐가 미국이라는 거대한 코끼리와 싸우는 광경이 그려져 있었다. 자그마한 일본 따위는 무서워할 필요 없다고 했던 캘빈 쿨리지(John Calvin Coolidge) 대통령의 비아냥과 같은 메시지이다.

배일 이민법 제정을 촉구한 의원 중에는 청일전쟁과 러일전쟁에서 제국 일본이 승리한 것을 황화의 도래로 보는 인종차별적인 성향을 지닌 사람도 있었다(《도쿄아사히》, 1924. 6. 11).

단, 미국 여론이 이런 공격적 논조로 일관한 것은 아니다.

캘리포니아 주와 달리 배일 이민법에 찬성 일변도가 아닌 관점을 보인 주도 있었다. 예를 들어,《헤럴드 트리뷴(Herald Tribune)》,《뉴욕타임스(The New York Times)》,《뉴욕 월드(New York World)》,《더 선(The Sun)》등 뉴욕의 각 신문은 배일 이민법 제정에 소극적이거나 부정적인 사설과 기사를 실었다.

또 미일 친선을 원했던 일부 미국인들은 일본 각지에 '파란 눈의 인형[2]'을 계속 선물했다. '그림 5-3'은 1927년 무렵에 지금의 아이치 현(愛知県) 도요타 시 고노스초에서 찍은 친선 인형 사진이다. 반미운동이 한창이던 이 시기에도 미일 양측에서 민간교류를 지속한 사람들이 있었음을 잊어서는 안 된다.

하니하라 마사나오(埴原正直) 주미 일본 대사는 미국이 추진하는 배일 이민법이 통과되면 미일 양국 국민이 쌓아온 우호 관계가 훼손되어 양국 국민 모두에게 행복을 가져다주는 모든 사업에 장애가 생길 것이라고 경고했다. 그러나 하니하라 대사의 진의와는 달리 이 발언은 일본의 오만함

---

2) American Blue-eyed Dolls. 1927년 3월 미국과 일본의 충돌을 우려하고 긴장을 문화적으로 완화하기 위해 미국의 세계아동친선회가 벌인 친선 활동의 일환. 미국에서 일본 어린이에게 12,739개의 파란 눈 인형을 보내 일본 각지의 유치원, 초등학교에 배부했다.

그림 5-3 미국에서 보낸 파란 눈의 인형(1927년 무렵)

으로 받아들여져 오히려 미국의 반일 감정을 부추기게 되었다(《도쿄아사히》, 1924. 4. 21).

'반미 열풍'의 고조

한편, 일본 신문사들도 미국에 대한 반발의 강도를 키웠다. 4월 21일에는 《도쿄아사히》, 《도쿄 니치니치》 등 15개 신문사가 '배일 법안에 대한 공동선언'을 각 지면에 게재했다. 그 결과, 미국 화폐 배척 움직임이 들끓었고 이는 '반미 열풍'으로 이름 붙여져 신문 기사의 소재가 되었다.

결국 미일 양국 모두에서 배일 이민법안에 대한 찬반양

론이 소용돌이치는 가운데 7월 1일에 법 시행이 결정되었다. 그날 일본 각지에서는 여러 단체가 항의의 목소리를 냈다. 시바다이몬(芝大門)에 위치한 절 조죠지(增上寺)와 아카사카 산노다이(赤坂 山王台)에서는 국민대미회가 주최한 국민대회가 열렸다. 또 대일본문화협회, 대미노동연맹, 대미경제협회 등이 시위행진을 벌였는데, 20여 종의 전단이 30만 장이나 배포됐다고 한다(《도쿄아사히》, 1924. 7. 2).

이를 계기로 반미 열풍은 더욱 고조됐고 미일문제강연회, 시민대회, 부인단체 등의 모임에서도 반미를 표명했다. '그림 5-4'는 8월에 주일 미국대사관 앞에서 열린 항의 시위를 찍은 사진이다. 기독교부인교풍회, 혼간지(本願寺) 승려단, 전국신직회 등 종교단체들도 이 움직임에 동참했다. 또 국민 도덕 진흥 단체인 일본홍도회(弘道会), 부락민 차별 철폐 운동 단체인 스이헤이샤(水平社), 도쿄재향군인회, 대아세아학생연맹 등의 단체도 미국에 항의했다. 미국 제품을 취급하는 축음기 상회나 미국 영화를 배급하는 회사조차 반미적 태도를 보이지 않을 수 없었다.

그뿐 아니라 다이코샤(大行社)와 뎃신카이(鐵心會) 같은 우익단체도 해당 법안에 대해 노골적인 반대 운동을 이어갔다. 이들은 제국호텔과 도쿄 미쓰코시백화점 같은 곳에서 미국 제품 불매운동을 벌였고 미국 영화의 상영 중단을 주

그림 5-4 도쿄 미국대사관 앞에서 벌어진 항의 시위(1924. 8)

장했다(나카지마 구로中島九郎, 1924). 이 같은 '반미 열풍'의 배후에는 미국의 영향력을 억누르고 싶어한 도야마 미쓰루(頭山滿)나 우치다 료헤이(内田良平) 등 국수주의자들의 모임이 있었다는 지적도 있다(차우 우에하라 미스즈·주마 기요후쿠, 2011).

반미 열풍의 고조에 편승하듯 1924~25년에는 히구치 고요(樋口紅陽)의 《국난, 닥쳐올 미래의 미일 전쟁》(사회교육연구회), 오하마 주자부로(大浜忠三郎)의 《일어날까, 말까? 미일 전쟁》(고시甲子출판사), 시바타 지로(柴田次郎)가 엮은 《다가오는 재앙 미국과 국민의 각오》(다이세이도쇼텐大盛堂書店), 가와시마 세이지로(川島清治郎)의 《미일 일전론—일명: 무식의 공포》(게이분칸敬文館) 등 양국의 개전을 부추기는 터무니없는 책들도 발매되었다. 17년 뒤, 그것이 현실이 될 줄 누가 상상이나 했을까?

미국의 배일 이민법 시행은 무력을 사용하지 않는 대일 프로파간다전의 시작이었다. 이후 미국 이민이 제한되었고, 그를 대신할 신천지로 브라질, 멕시코 등이 떠올랐다. 만주도 후보지로 거론되었다. 배일 이민법의 시행은 훗날 태평양전쟁 시기의 일본인 배척으로도 이어졌다. 이 시기에 캘리포니아 주 만자나르(Manzanar) 등 미국 각지에 일본계 강제수용소가 설치되고 12만 명 이상의 일본계가 수용된 사실은 지금도 미국사의 오점 중 하나로 꼽힌다.

1920년대의 제국 일본을 보면, 미국에 대한 '피해자' 의식과 산둥 출병을 계기로 시작된 중국에 대한 '가해자' 의식 사이에서 갈팡질팡하는 모습이 보인다. 한편, 태평양을 사이에 둔 동서 양쪽에서 제국 일본을 향해 쏟아진 차가운 시선은 1930년대에도 그대로 이어져 훗날 태평양전쟁에 대한 복선이 된다.

다음 6장에서는 제국 일본의 변방으로 여겨진 대만과 만주로 시선을 돌려본다. 1930년대에 일어난 두 사건인 우서 사건과 만주사변을 다루고, 특히 군부와 언론계의 관계 변

화에 주목한다. 신문사는 판매 부수를 늘려야 하는 문제에
직면했는데, 그 와중에《아사히》는 군부를 추종하는 방향으
로 사론을 대전환하게 된다.

6장

대만 우서 사건과
만주사변

—친밀해진 신문사와 군의 관계(1930년대 전기)

이 장에서는 일본 정부와 군부가 국내외 언론과 손잡고 새로운 프로파간다 전략을 펼치는 계기가 된 두 사건을 살펴본다.

대만과 만주는 19세기에서 20세기로 넘어가던 시기에 제국 일본의 세력권에 들어가 일본의 변방으로 여겨진 지역이다. 그러나 1930년대 전반에 이르러 두 지역의 지정학적 위치는 극적인 변화를 맞는다.

대만 본도 및 그 도서부인 펑후 제도는 청일전쟁(1894) 후에 체결된 시모노세키 조약에 따라 제국 일본의 최초 식민지가 되었다. 또 만주에서는 러일전쟁(1904) 후에 체결된 포츠머스 조약에 따라 다롄과 뤼순을 포함한 랴오둥 반도가 할양되어 일본의 조차지가 되었고, 뤼순-창춘(長春) 간 철도와 그 연선 지역(만주철도 부속지)에는 조차지에 준하는 배타적 행정권이 설정되었다.

일본의 프로파간다 역사를 생각할 때도 제국 일본의 식

민지 행정을 뒤흔든 대만의 우서 사건과 그 이듬해에 발발한 만주사변은 빼놓을 수 없다. 이 두 사건은 어떤 식으로 일본 본토에 전해졌고, 프로파간다 공작에 활용되었는가? 그리고 군부와 언론계의 관계는 어떻게 변화했는가? 이는 일본 본토에 어떤 충격을 주어 '전쟁열'을 고양했는가?

1. 우서 사건을 둘러싼 보도와 정쟁

세디크족의 집단 봉기

1930년 10월 27일, 대만 중부의 산악지대 타이중 주(台中州) 넝가오 군(能高郡) 우서(현재 난터우 현南投県 런아이 향仁愛郷)에서 일어난 우서 사건은 대만 원주민이 일본에 항거해 일으킨 최초의 집단 봉기였다. 이 사건은 제국 일본의 식민지 정책 전반에 대한 비판을 불러일으키는 정쟁으로 발전해 1930년대 일본에 충격을 준 사건 중 하나였지만, 태평양전쟁 후 일본에서 거론되는 경우는 드물다.

집단 봉기의 주모자는 우서 세디크족 마헤보 부락의 대장인 모나 루다오(莫那魯道)였다(그림 6-1). 이 집단 봉기에 가담한 이는 세디크족 여섯 개 부락의 원주민 1,200여 명이었다. 이들은 10월 27일에 우서 경찰분실 및 보아룽과 넝가오의 주재소를 습격한 뒤, 우서공학교가 개최한 운동회에 뛰어들어 총 134명의 일본인과 대륙 화교를 살해했다. 사건 발생 즉시 경찰 신고가 이루어졌다.

이 사건과 관련해 필자도 조사차 우서를 방문한 적이 있다. 우서는 대만 중부 산속에 있어 지금도 교통이 편리하다고 보기는 어렵다. 사건 발생 당시에는 정보도 부족했기에

그림 6-1 우서 세디크족 마헤보 마을의 대장 모나 루다오(중앙)

토벌령은 사건 발생 사흘 뒤에나 내려졌다고 한다. 가담자의 열 배가 넘는 규모의 대만 수비대와 경찰부대가 진압에 나섰고, 대포 등의 중화기와 비행기를 투입해 사건과 무관한 원주민을 포함해 사망자 700명이 넘는 희생자를 냈다.

우서 사건이 일어난 10월 27일, 아사히신문사 타이베이(台北) 통신부 주임이었던 가마타 다케오(蒲田丈夫)는 우연히

타이중 시 경찰서에 있었다. 그곳에서 사건 보고를 들은 가마타는 몰래 오사카 본사로 전보를 쳤다.《아사히》의 사내 연락이 일본에 전해진 사건 제1보였다.

다음 날,《오사카아사히》는 와타나베 데쓰마사(渡辺哲幹)를 우서 사건 현장에 특파원으로 파견했다. 와타나베 특파원은 타이베이역에서 급행을 타고 남하해 타이중역을 경유해 푸리(埔里)역에 도착했다. 그러나 타이중 주 경무부에 함구령이 내려진 탓에 와타나베 특파원이 오사카 본사에 보내려던 보도 전보는 모두 압류되고 만다. 다행히 가마타 주임이 사건 당일에 오사카 본사로 보낸 1보가 있었기 때문에 《오사카아사히》 10월 28일 자 호외를 통해 간신히 사건이 공개될 수 있었다. 이 호외로 우서 사건은 일본 전국에 알려졌고, 식민지 통치를 뒤흔들 수도 있는 대사건으로서 큰 충격을 안겨주게 되었다.

얼마 지나지 않아, 대만 총독부 경무국도 사건을 은폐할 수 없게 되자 와타나베 특파원의 기사까지 게재를 허용해 10월 29일 자《도쿄아사히》 2면에는 '대만 야만인 폭동 속보' 등의 기사가 크게 실렸다. 기사 내용은 전날 푸리에서 발신한 것이었다. 속보에서는 운동회를 습격한 원주민 수가 '1,500여 명', '800여 명'으로 제각각이었으며, '사망자는 일본인 약 130명, 기타 대만 본도인 등을 합쳐 200여 명'이라는 등 실제 희생자 수보다 큰 피해가 있었다고 강조했다.

그런데 와타나베 특파원은 10월 28일에 푸리에 도착하기는 했어도 그때는 아직 우서의 사건 현장에 접근하지 못한 상태였다. 총성이 울려 퍼지는 가운데 그가 우서에 입성한 것은 그다음 날 오후 5시였다(《도쿄아사히》석간, 1930. 10. 31). 와타나베 특파원은 사건 현장에 발을 들여놓은 최초의 일본인 언론인이었지만, 28일 푸리에서 발신한 기사는 관계자로부터 전해 들은, 검증 없는 정보에 불과했다. 사건을 둘러싼 소문이 사건의 규모와 피해자 수를 키운 것이었다. 실제로 와타나베 특파원이 현지에서 취재한 기사는 31일 석간이 되어서야 비로소 게재되었다(이하, 다음 문헌 참조: 중수민 鍾淑敏·기시 도시히코 엮음, 2020).

사건 사진과 뉴스 영화

아사히신문사는 산둥 출병(5장) 때와 마찬가지로 현지 사진을 수송하는 데 힘쓰고 있었다. 그 덕에 우서 사건 보도와 관련해서도 타사의 추종을 불허하는 속보를 전할 수 있었다.

우서 사건의 현장 사진이 최초로 《아사히》 지면에 실린 것은 1930년 11월 3일 자 《오사카아사히》의 호외였다(그림

그림 6-2 호외, "우서 부족 대폭동 화보"(1930. 11. 3)

6-2). 신문에 실린 사진은 타이베이 통신부의 촉탁 사진반의 이와나가(岩永) 특파원이 촬영했다. 이전의 신문 사진은 《아사히》의 스톡 사진[1]을 이용한 데 반해, 이와나가의 사진은 10월 28일부터 30일까지 현지에서 촬영했으므로 실로 현장감이 넘쳤다.

이와나가 특파원의 사진이 지면에 실리는 데 시간이 걸린 이유는 수송 때문이었다. 아사히신문사는 우선 타이베이에서 출항하는 정기선으로 사진을 모지항으로 운반한 뒤, 거기서 아사히 항공부의 비행정을 이용해 오사카 본사

1) 자주 사용될 것으로 예상되는 상황에 대해 사전에 준비해 둔 사진 소재

로 공수했다. 그런 다음 도쿄 본사로 사진을 전송해서 11월 4일 자《도쿄아사히》에 게재했다. 이렇게 수송에 며칠이 소요됐다고는 해도《아사히》는 우서 사건의 사진을 실시간으로 게재하는 데 성공한 것이었고 자사 비행기의 역할을 한층 높이 평가하게 되었다. 다른 신문사와 출판사, 나아가 군부도 우서 사건을 계기로 사진을 공수한 뒤, 일본 국내에서 전송하는 방법을 적극적으로 이용하게 되었다.

대형 신문인《아사히》입장에서는 일본의 식민지 정책에 저항하는 대만 원주민의 투쟁인 우서 사건은 훌륭한 취재감이었다.《아사히 화보》381호(1931. 2. 25)에는 우서 사건의 사진과 함께 진압 경위가 설명되어 있다. 그런데 이상하게도 게재된 사진에 모두 스톡 사진이 이용됐고 이와나가 특파원 등이 촬영한 현장 사진은 게재되지 않았다. 사건의 사실성보다 대만을 평화롭고 이국적인 섬으로 보이게 하려는 대만 총독부의 의지를 중시해서 그런 사진으로 독자를 사로잡으려 했기 때문일 수도 있다.

참고로 우서 사건은 신문 보도뿐만 아니라 뉴스 영화로도 만들어져 일본 본토에 공표되었다. 예를 들어, 쇼치쿠 뉴스반의 시모가모(下加茂) 촬영소, 가마타 촬영소의 카메라맨이 찍은 〈쇼치쿠 뉴스〉 제33집이나 오사카아사히 신문사가 제작한 〈우서 부족 폭동 사건〉 등이 있다(《마이니치》, 1930. 11.

5;《아사히》, 2009. 10. 29).

학살의 연속

세디크족이 봉기한 원인에 대해 당시 세상은 어떻게 바라봤을까?《도쿄아사히》는 몇 가지 원인을 꼽았다. '토목공사에 종사하던 원주민 숙련공들의 임금을 체불해서', '르웨탄(日月潭) 공사를 구실로 (생활의 양식을 얻던) 삼림의 벌채를 금지해서' 같은 이유 외에도 총독부 경무국이 말한 '출역(사역) 횟수 증가', '부족 간 원한 관계', 그리고 총독부 이번과(理蕃課)[2]가 지적한 봉기 주모자 모나 루다오의 개인적 자질 문제까지 참으로 다양했다. 그러나 이러한 설명에 대해서는 봉기 원인을 조사하기 위해 대만을 방문한 탁무성(拓務省)[3]의 이코마 다카쓰네(生駒高常) 관리국장조차 의문을 품고 있었다(《도쿄아사히》, 1930. 10. 29; 11. 4, 20, 24).

사건 발생의 원인에 대한 추궁이 흐지부지된 채 반년쯤 지났을 무렵이었다. 세디크족과 맞서며 일본에 협력했던 토다족이 경찰의 부추김에 따라 이미 투항한 우서 세디크족의 생존자를 학살한 2차 우서 사건이 일어났다. 이로 인

2) 원주민 대응 정책을 실시하던 부서
3) 1929~42년에 존재한 관청. 일본 식민지 통치 사무와 감독 외에 동양척식 관련 업무를 감독하고, 해외 이민 사무 등을 관장했다.

해 우서 사건은 일과성의 원주민 봉기가 아니라 대만 총독부가 실정한 결과로 평가되었다. 이에 따라 총독부 중앙연구소의 사무관 미와 고스케(三輪幸助), 지방이사관 야마시타 미노부(山下未之武)가 징계처분을 받지만(동 8월 30일), 사태를 수습하기에는 충분치 않았다. 후술하는 바와 같이, 이 사건은 곧 일본 국내의 정쟁으로 발전한다.

두 번의 사건에서 살아남은 세디크족 280여 명은 대만 총독부에 의해 베이강(北港) 강 중류 지역의 추안중다오(川中島, 현재 칭류清流 마을)로 강제로 이주당했다. 그중에는 평지 환경에 적응하지 못하고 말라리아나 영양실조 등으로 사망하는 사람도 속출했다. 살아남은 사람들은 낯선 농업에 종사하면서도 자신들의 존재를 사회에서 인정받기 위해 애쓴 것 같다. 예를 들어, 태평양전쟁 시기에 황민화 교육을 받은 세디크족 젊은이 서른세 명이 일본군에 징용 가기도 했다. 그런데도 필자가 해당 지역의 노인들을 취재한 바에 따르면, 일제 통치기에 추안중다오에서 우서 사건에 대한 언급은 금기였다고 한다.

태평양전쟁 후에 중국 국민당의 통치가 시작되자, 우서 사건은 항일 사건으로서 1980년대까지 높이 평가받았다. 그러나 현재 칭류 마을에 들어선 우서사건여생기념관은 살아남은 세디크족 사람들의 구술 역사에 집중하며 정치에

좌우되지 않는 사실 탐구를 지향하고 있다.

우서 사건의 정치화

일본 본토에서는 우서 사건을 어떻게 보았을까? 통설적으로는 대만 통치의 기본 방향을 경찰행정에 의한 압정에서 황민화 교육과 함께 민정 통치로 전환하게 된 계기, 또는 원주민을 배제하던 방향에서 포섭하는 방향으로 전환하게 된 사건으로 이해했다. 즉, 우서 사건을 계기로 성씨 개명, 일본어 강요, 청년단 조직화가 추진되어 원주민 약 16만 명을 제국 일본의 황민으로 끌어들인 정책적 측면이 강조된 것이다.

그런데 1931년에 사건이 진압된 뒤, 일본 본토에서 우서 사건의 원인을 둘러싸고 책임 문제가 정치화한 사실은 흔히 간과하는 경향이 있다. 대만 총독 이시즈카 에이조(石塚英藏)는 상경을 꺼리다가 사건 발발 두 달 반 만에 탁무대신 마쓰다 겐지(松田源治)를 대면했다. 정치적인 힘겨루기를 거쳐, 결국 대만 총독 이시즈카는 총독부 총무장관 히토미 지로(人見次郎), 타이중 주지사 미즈코시 고이치(水越幸一)와 함께 책임을 지고 자리에서 물러난다(《도쿄아사히》, 1931. 1. 12, 16).

그러나 그것만으로는 문제가 가라앉지 않았다. 중의원

본회의에서 마쓰다 대신의 관리 책임 문제를 놓고 분란이 일어난 것이다. 의회에서는 육군대신 우가키 가즈시게(宇垣一成)가 경솔하게도 '군대가 한 행동은 우리가 말하는 전투 행위였다'라고 답변한 것에 대해 입헌정우회 측 의원들이 세디크족의 반란에는 국내법의 내란죄 적용이 타당하며 우서 사건은 식민지 정책의 실정이므로 마쓰다의 인책 사임이 당연하다고 답변했다. 이에 대해 마쓰다는 우서 사건은 원주민의 일과성 반란에 불과하므로 소요죄가 타당하며 동란 진압을 위해서라면 군대를 출동시킬 수 있다고 주장해 자신의 인책 사임을 거부했다.

당시는 입헌민정당의 하마구치 오사치(浜口雄幸) 내각 시절이었고, 마쓰다도 같은 당 소속이었다. 입헌민정당의 강력한 주장이 통한 덕에 우서 사건에는 법적으로 한층 가벼운 소요죄가 적용되었고, 대신 사퇴 얘기는 없던 일이 되었다. 대만 총독부뿐 아니라 일본 정부 입장에서도 대만 통치의 공고함을 과시할 필요가 있었기 때문일 것이다. 제국 일본이 식민지 정책을 추진하는 데 있어 고도의 정치 판단이 이루어진 것이다(1931년 2~3월, 《도쿄아사히》).

이로써 일본 국회와 언론계는 우서 사건의 배경, 대만 총독부의 통치 능력, 식민지 정책에 관해 충분히 검증할 동력을 잃었고, 이 사건은 정쟁의 도구가 되고 만다. 그뿐 아니라 당시 집권 여당이던 입헌민정당의 압력에 의해 1932년 1월을 기점으로 우서 사건에 관한 언론 보도는 거의 자취를 감춘다.

우서 사건을 둘러싼 일련의 문제를 보면서 눈여겨볼 점은 치안유지가 명목이 되면 의회의 승인을 거치지 않고도 군대를 출동시킬 수 있는 전례가 생겼다는 점이다. 1930년대 전반, 의회가 군대 출동에 대한 제어 기능을 완화했기에 이후에 군부의 폭주라는 화근을 남기게 된 것이다.

2. 만주사변 보도와 전황 사진

만주사변을 바라보는 시각

우서 사건에 관한 보도는 신문사의 보도 방식뿐만 아니라 뉴스 전달 방식에도 변화를 초래했다. 그 변화는 1931년 9월 18일에 일어난 만주사변에 관한 보도를 통해 그야말로 여실히 드러났다.

일본에서는 당시 만주사변 발발의 원인을 어떻게 보았을까? 이 점에 관해서는 5장에서 언급한 아키야마 도요사부로가 엮은 《시국 및 배일 포스터 사진첩》에 잘 나타나 있다.

이 배일 운동이 얼마나 분노에 차 있으며, 일본을 모욕하고, 도전적이며, 배신적인지는 각지에서 그들이 선전, 반포한 포스터, 잡지, 서적, 선전 전단 등을 보면 즉시 수긍할 수 있습니다. 그들은 이로써 중국 민중에게 일본에 대한 적개심을 일으키고, 그를 통해 오늘날의 사태를 야기하기에 이른 것입니다.

만주사변의 발발 원인에 대한 아키야마의 지적은 일본의 여론을 그대로 보여준다. 1920년대부터 이어진 반일운동의 결과로 중국 내 내셔널리즘이 고양되면서 만주사변이 발생했다고 아키야마는 해석한다. 더구나 중국 민중의 감정을 부추긴 것은 중국 국민당의 프로파간다 매체였다고 규탄한다. 관동군의 폭주라는 발상은 눈곱만큼도 없었다.

아키야마가 편찬한 도록에는 만주에서 사용된 반일 포스터도 다수 실렸다. 민심을 홀리는 귀신에 맞서는 '거독(아편 반대) 운동'도 그중 하나다(그림 6-3). 포스터를 제작한 랴오닝 성 거독연합회는 아편 전매제 실시를 목적으로 설치된 단체로 랴오닝 성 국민외교협회, 그 외곽단체인 국민상식촉진회와 함께 성 내 반일운동을 추진한 중심 조직이었다. 포스터에는 쑨원(孫文)을 수반으로 하는 중국 국민당이 '항일구망(抗日救亡)' 운동을 지도하는 장면도 그려져 있어, 그 정치적 의도는 분명 국민당에 대한 지지임을 알 수 있다(아

그림 6-3 항일과 아편 반대를 호소하는 포스터

키야마 도요사부로 엮음秋山豊三郎 編, 1932).

《아사히》의 논조 전환

그렇다면 만주사변이 제국 일본의 언론계에 어떤 영향을 미쳤는지 조금 더 살펴보기로 하자.

《오사카아사히》의 편집국장이었던 다카하라 미사오(高原操) 등은 사변이 일어나기 전까지는 보통선거 실시와 군축 캠페인의 선두에 서서 관동군의 확대를 막으려 했다. 그런데 만주사변을 계기로 아사히 불매운동이 일어나자 다카하라는 위기감을 느낀 끝에 사변 후인 1931년 10월 1일에 사설 "만몽의 독립, 성공하면 극동 평화의 새로운 보장"을 발표했다(고토 다카오後藤孝夫, 1987). 이 사설은 만주에 사는 일본인들의 고통을 덜어주려면 독립운동을 지원하고 만주라는 완충국을 설치할 수밖에 없다는 논조로, 말할 것도 없이 관동군의 의향과 일치하는 것이었다.

《아사히》는 그전까지만 해도 중국의 내셔널리즘을 적극적으로 긍정했고, 만주는 중국의 일부라는 인식을 밝혔었다. 그런데 그 모두를 갖다버리고 군부의 행동을 추종하면서 중국으로부터 만주가 분리 독립하는 것을 용인해야 한다는 논조로 돌아선 것이다. 또한 10월 12일에 열린 경영진회의에서 이러한 논조에 맞춰 '사론을 통일하고 국론을 만들어갈 대방침'을 결정했다. 그리하여 만주사변을 기점으로 《아사히》는 창간 이래 처음으로 사론을 군부를 추종하는 방향으로 대전환하게 되었다.

이러한 입장 변환은 1920년대 말, 《아사히》가 일본 국내 판매시장에서 한계 상태에 달했기 때문이다. 판매 부수를 늘리기 위해 조선과 만주라는 신천지로 눈을 돌린 것이다.

만주사변 전후 시기에 오사카와 도쿄 양쪽 본사의 매출 통계를 간단히 살펴보자. 이 무렵 《오사카아사히》, 《도쿄아사히》의 국내 판매 총 부수는 만주사변이 발발한 해에는 침체했지만, 이듬해에는 182만여 부(전년 대비 38만 부 증가)로 늘어났다(그림 6-4). 1930년대 후반에는 다시 판매 부수가 주춤했으나, 중일전쟁이 일어난 1937년에는 198만여 부, 태평양전쟁 발발 전년인 1940년에는 231만여 부, 그리고 태평양전쟁 발발과 함께 판매 부수를 늘리다가 전쟁이 끝나기 직전인 1944년에는 만주사변 전의 최다 부수인 293만여 부의 매출을 달성했다.

한편, 만주에서의 《아사히》 판매 부수는 만주사변 전인 1929년에는 1만 6천 부에 불과했으나, 40년에는 7만 2천 부, 1942년에는 10만 부를 넘을 정도로 급증했다(아사히신문, '신문과 전쟁' 취재반, 2008). 《아사히》는 향토 부대의 전투나 전

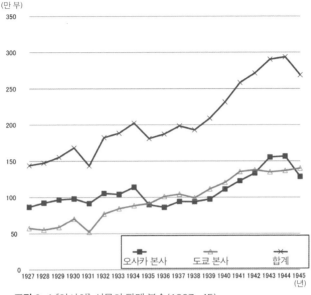

(만 부)

그림 6-4 《아사히》 신문의 판매 부수(1927~45)
[주] 《오사카아사히》와 《도쿄아사히》는 1940년에 통합됨.

사자에 관한 기사를 늘림으로써 기존에 신문과 인연이 없었던 사회층도 신문을 구독하도록 기획력을 발휘한 것이다.

이렇게 만주사변을 계기로 외지에서도 신문 수요가 늘어나자 1933년 11월에 오사카 본사는 만주판, 대만판을 창간한다. 이들 외지판의 발행을 촉진하기 위해 이듬해 4월에는 만주국의 수도 신경(新京, 현 창춘)에 만주 지국을 개설했다. 이러한 《아사히》의 만주 진출에는 주필이었던 오가타 다케

토라(緒方竹虎)의 의향이 강하게 작용했다고 한다(아사히신문 사사 편수실 엮음, 1971).《아사히》의 대외 확장 노선을 감당하기 위해서도 만주에는 수많은 특파원이 파견되어 다양한 전황 사진을 촬영했다.

만주를 보여준 시각 매체

《아사히》는 만주사변을 계기로 신문사의 논조를 바꾸어 매출을 늘렸다. 지면에 게재된 박진감 있는 현지 사진이 판매 부수 증가를 끌어낸 것이다. 또 1931년에 발행된《아사히 화보》412호, 413호(9월 30일, 10월 7일)에서는 '만주사변 화보'를, 이듬해 임시호(2월 5일)에서는 '만주사변 사진 전집'을 특집으로 다뤘다. 사진을 대량으로 사용한 시각적 기사는 독자의 흥미를 강하게 끌었다.

이어서 1931년 9월 21일, 22일에는《도쿄아사히》본사 강당에서 특파영화반이 찍은 〈중일 양군 충돌사건〉이 영화 1보, 2보로 상영되었다. 이때 상황은 다음과 같이 기록되어 있다(《도쿄아사히》, 1931. 9. 22).

관중들은 정각 30분 전부터 강당에 밀어닥쳐 말 그대로 입추의 여지가 없었다. 은막 위로 차례차례 펑텐 점령 상황, 용감한

아군의 행동 등이 실감 나게 펼쳐지자 갈채가 쏟아졌다. 속속 모여드는 관중으로 인해 연속 세 차례에 걸쳐 영사를 반복했고, 대성공을 거두었다.

또 일본 국내의 보도 기법은 만주에 재류한 일본인에게도 영향을 미쳤다. 사변 이후, 만주 남부 각지에는 일본계 치안유지회가 산발적으로 조직되었는데, 이들을 통합하기 위해 펑톈에 자치지도부가 설치되었다. 자치지도부는 중화민국으로부터의 만주 분리 독립, 왕도주의의 실현을 내걸었다. 이를 위해 그들은 만주니치니치신문사 인쇄소에서 다색 인쇄 선전 포스터를 대량으로 인쇄해 펑톈을 중심으로 한 만주철도 연선 지역에 게시했다.

자치지도부의 이 같은 선전 공작은 1932년 3월에 만주국이 건국된 이후, 국무원 자정국(資政局)[4] 내 홍법처(弘法処)[5]하에서 시각 매체를 이용한 프로파간다 전략으로 이어졌다. 게다가 만주국의 정보 통제는 만주홍보협회와 만주국 통신사에서도 흔들림 없이 추진되었다.

다른 한편, 1920년대에 만주국과 관동주 거리에 나붙었

4) 만주국의 건국 초기에 만주국의 대외 선전 업무를 주로 담당한 기관
5) 건국 정신의 공포, 선전 및 지방자치 지도 등의 업무를 맡은 기관

그림 6-5 호외 〈중일 양군 충돌 화보〉(1931. 9. 20)

던 반일 포스터는 중국 국민당의 이데올로기인 삼민주의를
보급하는 것이었기에 거리에서 급속히 자취를 감추었다(기
시 도시히코, 2010).

만주와 대만에서의 전황 보도

만주사변을 기점으로 신문의 매출을 늘리는 데 중요한
역할을 한 것은 보도의 속보성이다.

《도쿄아사히》는 만주사변이 일어난 지 불과 이틀 뒤인

1931년 9월 20일 자 호외를 통해 사변의 발발을 보도했다 (그림 6-5). 이 사진은 9월 18일에 현지에서 경성(서울)까지 기차로 운송한 다음, 경성에서 히로시마를 거쳐 오사카 본 사까지 공수한 것이다. 그런 다음 다시 도쿄 본사로 전송하 고, 도쿄 본사에서 제판, 인쇄한 뒤, 호외로 나오게 되었다. 산둥 출병이나 우서 사건 때도 사진을 공수했지만, 그때보 다 더 속도를 높이려 한 것이다.

만주사변 후, 일본군은 만주의 거의 전 지역을 점령했다. 그뿐 아니라 이듬해인 1932년 3월 1일, 청의 마지막 황제 푸이(溥儀)를 최고 통치자로 내세워 만주국을 세운다. 나아 가 1933년 2월에는 영토 확장을 위해 군사를 동원해 러허 성(熱河省)과 허베이 성(河北省)을 침공했다(러허 사변). 이 무 렵에는 전황 사진을 평양이나 경성을 통해 중계하지 않고, 《아사히》의 경우 자사 비행기로 랴오닝 성 서부의 진저우 (錦州)에서 오사카까지 직접 공수하는 수송 체제를 갖추었다 《오사카아사히》, 1993. 3. 5). 만주사변 이후 2년 사이에 보도의 속보성은 한층 높아졌다.

또 일본 본토의 신문사들은 대만에서 처리한 만주사변 보도에 대해서도 속보성을 요구했다. 실제로 대만의 사변 보도는 《아사히》, 《마이니치》보다 현지 신문사가 빨랐다. 본토에서 들어오는 일본어 신문은 수송에 시간이 너무 많이 걸려서 사변 보도의 속보성이라는 점에서는 따라잡을 수가 없었다. 호외도 대만 현지 신문사만 발행할 수 있는 상황이었다.

《아사히》타이베이 통신부의 가마타 다케오는 이를 문제삼아《오사카 마이니치》와 함께 대만 총독부에 대만에서 호외를 발행할 수 있도록 요청하기로 한다. 이 신청에 대해 현지 신문인《대만 니치니치》등에서 반대가 있었지만, 결국 대만 총독부는 이를 승인한다. 그리고 이듬해 1월 10일,《아사히》는 본사 특별 전보를 바탕으로 국내외 뉴스를 게재한 호외 1호를 대만에서 발행했다. 그리하여 만주사변 보도를 계기로 일본 본토와 대만 사이의 정보 전달 속도는 가속화된다(《도쿄아사히》석간, 1932. 1. 12).

일본 본토의 신문사들은 호외 발행을 통해 대만 전역에 자사 신문을 홍보해 나간다. 당초 타이베이 시내에만 발행되었던 호외 부수는 1만 2천 부 정도였다. 그런데 1937년 7월, 중일전쟁이 발발하자 처음으로 한 페이지 크기에 걸쳐 사진을 게재한 호외가 배포되어 활자를 읽지 못하는 독자들에게도 큰 충격을 주었다. 같은 해에 발행된《아사히》의 호외는 타이베이 시내에서만 약 2만 5천 부, 대만 전체에서는 약 5만 부나 발행되었다(아사히신문사 사사 편수실 엮음, 1971).

보도의 속보성을 보장하는 호외는 실제 진행 중인 전황을 피부로 느낄 수 있게 해 '전쟁열'을 높이는 효과로 이어졌다. 또 전장의 현장감은 제국 일본이 의도한 내셔널리즘 강화를 뒷받침하는 역할을 했다. 전황 사진의 공수 및 전송이라는 정보 전달 수단과 함께 속보성에 치중해 내셔널리즘을 불러일으킨 프로파간다 전술은 이어진 중일전쟁, 태평양전쟁 시기에 더욱 빈번히 이용되었다.

　　7장에서는 1937년부터 약 8년간 계속된 중일전쟁 시기의 프로파간다 전개 상황을 살펴보고자 한다. 이 시기에는 영화와 사진 보도 등 온갖 시각 매체를 구사한 선전술로 국가 차원의 프로프간다가 절정기를 맞는다.

중일전쟁 시기

―국가 프로파간다의 절정기(1930년대 후기)

1930년대 후반, '총동원 체제'를 바탕으로 한 국가 프로
파간다는 중국과의 전쟁을 수행하기 위해 도입되어 군·관·
민·산의 긴밀한 연계하에 추진된다. 이 시기의 특징은 전쟁
의 장기화와 전쟁 동원 강화이다. 국가 프로파간다는 언론
계와 문화 오락 업계를 통해 직업, 나이, 성별을 불문한 모
든 사회계층을 대상으로 '전쟁열'을 부추겼다. 그야말로 제
국 일본의 국가 프로파간다가 절정기에 달한 시대였다.

중일전쟁은 1937년 7월 7일, 베이징 교외 루거우차오(盧
溝橋)에서 일어난 중일 양군의 충돌(루거우차오 사건)에서 시
작되었다. 루거우차오 사건 이후, 전쟁은 중국 북부 전역으
로 번지다가 중국 중부의 거점 도시 상하이, 오지의 거점 도
시 장자커우(張家口)로 불똥이 튀더니, 이듬해부터는 중국 해
안 지역과 양쯔강 유역까지 전쟁의 소용돌이에 휘말리게
된다. 단, 전쟁 발발의 잠재적 불씨는 5장에서 언급한 바와
같이 1920년대부터 타오르고 있었다.

지도 중일전쟁 발발 무렵의 제국 일본(1937년경)

1. 국산 영화의 유행

중일전쟁이 발발하고 확산한 이면에 양국의 국가 프로파간다 전략이 숨어 있었다는 사실은 널리 알려져 있지 않다. 일본 본토에서는 흥아원(興亞院)[1]과 언론계가, 그리고 중국에서는 북중국개발주식회사와 그 산하의 화베이교통이 각각 '1938년식 평화론'이라고 할 만한 프로파간다 전략을 전개했다. '1938년식 평화론'을 표방한 제국 일본의 전략은, 당시 전쟁이 수습되고 있으니 평화와 개발의 시대가 다가오고 있다는 평화에 대한 환상을 침투시키는 것이었다. 당시, 개발 대상지를 만주에서 중국 북부로 확대해 권익을 키우려는 속내가 작용했음이 틀림없다(Kishi, Toshihiko, 2019).

제1차 고노에 후미마로(近衛文麿) 내각은 후방의 비전투원을 동원해 대륙 개발을 추진할 목적도 갖고 있었기에 1937년 9월부터 '국민정신 총동원 운동'을 개시했다. '거국일치(擧國一致), 진충보국(盡忠報國), 견인지구(堅忍持久)'라는 구호 아래 '총동원 운동'의 이념을 침투시키기 위해 활용한 것이 박람

---

1) 1938년 중일전쟁 당시, 늘어난 중국 내 점령지에 대한 정무, 개발 사업을 지휘하기 위해 설치된 기관

회, 사진과 영화, 포스터와 종이 연극 등 온갖 신구 프로파간다 매체였다. 이 운동은 일본 국내에서 점차 식민지하의 조선과 대만 등으로도 퍼진다.

사진 선전

제국 일본이 치른 전쟁 중에 중일전쟁만큼 시각 매체를 대량 제작, 유통한 전쟁은 없다. 국민을 전쟁에 동원하는 데 사진과 뉴스 영상 등 선전 매체가 효력을 발휘한 것이다. 육군 보도부장으로 활약한 마부치 이쓰오(馬淵逸雄)는 선전에 쓰이는 사진의 다양한 용도에 관해 다음과 같이 강조했다(마부치 이쓰오馬淵逸雄, 1941).

사진 선전은 평화 선전, 전쟁 선전, 대적 선전, 대민중 선전, 대외 선전, 대내 선전 등 그 사용 목적에 따라 각각 노리는 바가 다르며, 기술적으로는 뉴스 사진, 전황 사진, 모략 선전 사진, 기록 사진, 선무[2] 사진, 작전용 사진, 항공 사진 등에 따라 각각의 특이성이 있다.

2) 어수선한 민심을 수습한다는 의미

그림 7-1 내각정보부,《사진 주보》창간호(1938. 2)

　　내각정보부가 1938년 2월 26일에 창간한《사진 주보》(그림 7-1)는 1945년 7월 11일 전투 종결 직전까지 370호를 발행했다. 창간호 표지에는 기무라 이헤이(木村伊兵衛)가 촬영한 '애국 행진곡'을 부르는 소년, 소녀의 모습이 담겨 있다(다마이 기요시 편저玉井清 編著, 2017). 기무라 외에도 도몬 겐(土門拳), 오야 소이치(大宅壮一) 등 다재다능한 사진가와 저널리스트가 참여한《사진 주보》에는 수많은 일화가 실렸다. 특히 특별 임용된 신문 기자들로 편집부를 구성했다는 점도 주목할 만하다.

이 시기에《오사카아사히》,《도쿄아사히》,《오사카 마이니치》,《도쿄 니치니치》등의 신문에 실린 전황 사진은 그 수가 방대했다. 신문사가 발행한 화보 잡지도 마찬가지다. 《아사히》가 1923년에 창간한《아사히 화보(アサヒグラフ)》는 80년 가까이 이어진 장수 화보 잡지로 당시 여론에 대단한 영향을 미쳤다.

또《오사카 마이니치》와《도쿄 니치니치》도 1937년 8월에 화보 잡지《북중국사변 화보(北支事変画報)》를 창간해 같은 해 9월에《중국사변 화보(支那事変画報)》로, 1942년 1월에는《대동아 전쟁 화보(大東亜戦争画報)》로 제목을 바꾸면서도 1945년 2월에 발간을 일시 중지할 때까지 합계 140권의 사진 화보를 발행해 전시 프로파간다를 침투시켰다(이치노세 도시야 해설一ノ瀬俊也解説, 2019).

실제로 중일전쟁 발발 직후인 7월 31일에 공포된 '육군성령 제24호'에 따르면 '신문지법' 제27조에 준해 당분간 군대의 행동이나 군사기밀, 군사전략에 관한 사항을 신문 지상에 게재하는 행위가 금지되었다. 1909년에 제정된 '신문지법'의 제27조는 육군대신, 해군대신, 외무대신이 기사 게재를 금지 및 제한할 수 있다는 내용이었다. 즉, 기사는 더 이상 신문사 데스크의 판단에 따라 게재되지 않으며, 전쟁 보도를 비롯한 보도 일체에 관해 군부가 '허가'하고 '불허'할 권한을 갖게 된 것이다. 신문사의 편집 체제가 바뀌지 않았다고는 하지만, 군부가 전쟁 보도를 관할하게 되면서 편집국도 군부의 뜻을 알아서 헤아리게 되었다.

8월 14일에 '군사기밀 보호법'이 개정되자 '군사상 비밀'을 명목으로 통제 및 정보 관리가 더욱 삼엄해져 군용 역과 항만, 비행장, 군수자원 산출지, 통신시설, 군수품 공장, 군수품 저장소 내에서 일반인의 촬영이 거의 불가능해졌다(기시 도시히코, 2010). 더욱이 8월 16일에 '해군성령 제22호'가 공포되자 앞선 '육군성령 제24호'에 준하는 형태로 함대와 해군부대의 행동, 기타 군사기밀, 군사전략에 관한 사항을 신문 지상에 게재하는 행위까지 금지되었다(아사히신문 역사 사진아카이브).

1938년 4월에는 전시 통제를 결정한 '국가총동원법'이 공포된다. 이 법에 따라 일본 정부는 치안과 재정·금융에 관해서도 전시 통제를 할 수 있게 되었고, 특정 전황 보도를 강화하여 시각적인 전시 프로파간다가 융성하게 된 것이다.

전쟁의 화려한 볼거리

루거우차오(노구교) 사건이 발발한 지 두 달여 만인 1937년 9월 21일, 대장성(大藏省)[3]은 외환 관리라는 명목으로 뉴스 영화를 제외한 외국 영화의 수입을 금지했다. 이 조치는 영화계에 충격적인 사건이었다. 중일전쟁 중 검열 강화로 인해 안 그래도 상영할 수 있는 영화 필름이 적어졌는데, 서양 영화의 수입마저 금지됐기 때문이다. 특히 할리우드 영화와 프랑스 영화, 영국 뉴스 영화의 수입 금지는 큰 손실로 이어졌다.

영화계는 그 손실을 메우기 위해 언론사가 제작하는 뉴스 영화의 상영을 늘렸다. 루거우차오 사건 이후 아사히, 도쿄 니치니치, 요미우리 3사가 제작한 뉴스 영화는 매주 195편으로 급증했다는 기록까지 남아 있다(하즈미 쓰네오筈見恒夫, 1942).

뉴스 영화를 구체적으로 살펴보자.《요미우리》는 '쇼치쿠 직영 기념 중일사변 주간'이라는 제목으로 7월 15일, 16일 양일에 쇼치쿠 계열의 영화관에서 〈중일사변 뉴스〉를 상영

---

3) 2001년에 폐지된 일본 정부의 중앙관청으로, 현재는 재무성과 금융청으로 분리되어 있다.

했다. 요미우리 본사 영화반은 에이온(映音)연구소와 손잡고 〈요미우리 발성 뉴스〉, 즉 발성 영화를 개발했다. 요미우리는 중일전쟁을 취재하고, 영상과 음성을 수집하기 위해 8월 5일 베이징에 북중국총국을 신설했으며, 본사 영화부 촬영기사인 사타케 미쓰오(佐竹三男)를 중국에 파견했다. 〈요미우리 발성 뉴스〉는 1940년 4월까지 162회를 상영하며 전쟁의 화려한 볼거리를 일본 국민에게 끊임없이 전달했다(《요미우리》, 1937. 4. 22; 7. 15; 8. 5; 1940. 4. 25).

아사히는 9월 9일부터 제국극장을 비롯해 신주쿠와 아사쿠사에서 〈중국사변 뉴스〉를 상영했다. 이는 아사히 특파원이 찍은 현장 영상을 바탕으로 시국을 해설한 필름이었다. 유럽 영화를 수입해 사업 규모를 키우던 도와쇼지(東和商事)는 아사히의 뉴스 필름 배급에 관여함으로써 외국 영화 수입 금지로 인한 손실을 보충했다(기시 도시히코, 2020).

이렇게 보도 통제가 한창이던 1940년에 아사히, 오사카 마이니치, 도쿄 니치니치, 요미우리 신문사는 각 회사의 뉴스 영화 부문을 합병해 사단법인 닛폰뉴스영화사를 발족한다(이듬해에 사단법인 닛폰영화사로 개명했다). 종전 때까지 이어진 〈닛폰 뉴스〉는 이렇게 시작된 것이다.

영화와 프로파간다

신문사와 통신사의 뉴스 영화가 인기를 끌자 각 영화 제작사는 이에 맞서기 위해 군사 영화 제작에 착수했다(《도쿄아사히》, 1937. 7. 31). 쇼치쿠 오후나(大船) 촬영소는 육군성 신문반과 해군성 군사보급부의 지원으로 설립된 오후나 군사 영화제작부 제1반이 감독한 〈그럼 이제 전선으로〉를 상영했다(그림 7-2). 소집 영장을 받고 두 가정에 숨겨져 있던 문제가 분출한다는 내용의 흔해 빠진 홈 드라마였다. 또 PCL 영화 제작소는 와타나베 구니오(渡辺邦男) 감독의 〈북중국의 하늘을 찌르다〉를 제작했다. 중국 북부에 파견된 신문기자와 원료 수송 임무를 맡은 비행사의 유대 관계를 소재로 한 작품이었다. 그 외에도 이듬해 초까지 제작된 군사 영화는 '표 7-1'과 같다.

루거우차오 사건 직후부터 일본 내 전국 영화관에는 군사 영화가 넘쳐났다. 하지만 작품 수가 늘자 정부와 군부의 프로파간다에 역행하는 작품도 나왔다. 중국 중부의 거점 도시를 공격한 우한(武漢) 작전을 기록한 가메이 후미오(亀井文夫) 감독의 〈싸우는 군대〉도 그중 하나다. 육군성이 후원했는데도 1939년 시사회 직후에 상영 금지 처분이 내려져 그 후 37년 동안 창고에 처박히는 신세가 되었다(마이니치신문사, 1977).

	문화 영화	야마모토 히로유키(山本弘之) 감독, 〈육군 사관학교〉, 〈후방〉
닛카쓰 다마가와 (多摩川) 촬영소	극영화	다마가와 에이지(玉川映二) 감독, 〈국경의 풍운〉. 미즈가에 류이치(水ケ江隆一) 감독, 〈후방의 정성〉. 이가야마 마사노리(伊賀山正徳)·스도 도시히사(首藤寿久) 공동 감독, 〈보국매진〉. 스도 도시히사 감독. 〈전사의 길〉, 〈군국의 신부〉. 기요세 에이지로(清瀬英次郎) 감독, 〈꿈의 철모〉. 지바 야스키(千葉泰樹) 감독, 〈군신 노기(乃木) 씨〉. 구라타 후미토(倉田文人) 감독, 〈엣쌍의 배두렁이〉. 스노하라 마사히사(春原政久) 감독, 〈남자의 선언〉. 다사카 도모타카(田坂具隆) 감독, 〈5인의 척후병〉. 와타나베 고지로(渡辺恒次郎) 감독, 〈군국 눈물의 어머니〉.
쇼치쿠 오후나 촬영소	문화 영화	〈폭발 선상의 북중국〉
	극영화	군사영화제작부 〈그럼 이제 전선으로〉, 〈애국 서정시·군국 자장가〉. 사사키 야스시(佐々木康) 감독, 〈진군의 노래〉, 〈황군 대첩의 노래 영원한 감격〉.
신코(新興) 도쿄	극영화	니시 뎃페이(西哲平) 감독, 〈황군 한 번 일어섰다면〉. 아오야마 사부로(青山三郎) 감독, 〈육탄 기자〉. 히사마쓰 세이지(久松静児) 감독, 〈해군 폭격대〉. 이나 세이이치(伊那精一) 감독, 〈사나이라면〉. 스즈키 주키치(鈴木重吉) 감독, 〈소국민〉. 다나카 시게오(田中重雄)·가쓰우라 센타로(勝浦仙太郎) 합동 감독, 〈그리운 내 아들〉. 미조구치 겐지(溝口健二) 감독, 〈노영의 노래〉.
도호영화 도쿄 촬영소	문화 영화	시라이 시게루(白井茂) 촬영, 〈노도를 박차고〉. 후지이 시즈카(藤井静) 촬영, 〈군함기에 영광 있으라〉. 후타키 시게루(二木茂) 촬영, 〈상하이〉.
	극영화	와타나베 구니오 감독, 〈북중국의 하늘을 찌르다〉, 〈전투의 곡〉. 마쓰이 미노루(松井稔) 감독, 〈애국의 여섯 딸〉.
신코 키네마 도쿄 촬영소	극영화	니시 뎃페이 감독, 〈황군 한 번 일어섰다면〉. 히사마쓰 세이지 감독, 〈해군 폭격대〉, 〈군국 어머니의 편지〉. 미에다 신타로(三枝信太郎) 감독, 〈창녀 군가〉.

표 7-1 루거우차오 사건 발발 직후에 제작된 주요 군사 영화(~1938. 7).《도쿄아사히》(1938. 2. 16~19).

그림 7-2 쇼치쿠 영화 광고, 〈그럼,
이제 전선으로〉(1937. 8)

　　이러한 혼란을 미연에 방지하기 위해 대일본 활동사진
협회는 군부 및 내무성과 논의해 군사 영화를 포함한 시
국 영화의 제작 방침을 다음과 같이 결의했다(《도쿄아사히》,
1937. 8. 4).

1. 군사 영화 제작에 관해서는 당국과 충분히 협의하여 일시적
   인 유행을 노린 영화를 배격하고, 이번 사변의 진정한 목적
   을 국민 대중에게 철저히 알릴 것.
1. 사변 영화는 중국을 사랑하기 때문에 불령분자를 응징하려
   고 만드는 것임. 중국 4억 민중을 적대시하는 영화는 오히려
   일본의 성의를 곡해시킬 우려가 있으므로 이 점을 특히 유
   의할 것.
1. 사변에 관한 인식을 높이기 위해 6사 연맹은 자발적으로 내
   각 정보위원회에서 결정한 구호에 따라 제작 영화 전부에
   대해 '동아시아의 평화, 거국일치, 후방을 지켜라'라는 시작
   제목을 신속히 삽입할 것.

그런데도 조잡한 군사 영화는 끊임없이 제작되었고, 내
무성은 종종 영화사 간부들을 불러 주의를 주었다. 전쟁 영
화가 유행하는 가운데, 영화계는 이러한 과정을 겪으며 주
체적으로 국가 프로파간다의 일꾼으로 변해갔다.

1937년 10월, 국민정신 총동원 강조 주간이 시작되자 문
부성은 각 부(府), 현(縣)에 〈중국사변〉, 〈총동원 강연회〉, 〈해
가 뜨는 나라〉, 〈지상 낙원〉 등의 필름과 함께 고노에 후미
마로(近衛文麿) 총리 등의 강연 '거국일치, 시국 극복'의 녹음
레코드를 배포했다(《요미우리》, 1937. 9. 24). 이는 나중에 언급

하게 될 점령기 순회 영화의 모델이라고도 할 수 있다(9장).
영화계뿐 아니라 시정촌(市町村) 등의 지자체도 '국민정신 총
동원 운동'에 적극적으로 호응한 것이다. 각지의 지자체는
만몽 개척단을 파견하는 데에도 열심이었다.

전쟁 중에 박람회 열풍이 불다

이러한 운동의 결과로 1938년 4월 1일, 일본 본토에서는
'국가총동원법'이 공포되었다. 같은 해 5월에는 조선, 대만,
사할린에도 마찬가지로 이 법이 공포되었다.

아사히신문사는 묘하게도 같은 날인 4월 1일부터 효고 현
(兵庫県) 한큐 니시노미야 구장(阪急西宮球場)에서 '중국사변 성
전(聖戰) 박람회'를 주최했다. 육군성과 해군성의 후원 아래
전쟁터 대파노라마가 인기를 끌면서 75일간 연인원 145만
명의 관람객이 방문했다(《아사히》, 2007. 6. 5).

'그림 7-3'은 《주간 아사히》의 임시 증간호로, 1938년 4
월 23일에 발매한 《중국사변 성전 박람회 화보》의 한 페이
지다. 바다 건너 중국에서 전투가 반복되고 있는데도 박람
회 현장의 모습은 참으로 한가로웠음을 알 수 있다. 이 장의
첫 부분에서 언급한 '1938년식 평화론'을 추진하려 한 정부
의 의도는 이러한 행사에서 확연히 드러났다. 박람회에서

그림 7-3《중국사변 성전 박람회 화보집》(1938. 4. 23)

는 전장을 재현한 전시회뿐만 아니라 전황 사진이 담긴 그림엽서도 진열하여 중일전쟁이 '성전(聖戰)'이라고 깊이 각인시켰다.

이 같은 박람회의 프로파간다 효과는 굉장했다. 전시를 위해 사진과 영상, 음성 같은 매체와 복제품이 활용된 것 외에도 체험형 파빌리온이 인기를 끌었다. 중일전쟁 발발 이후, 박람회 개최 횟수는 1937년 5회, 1938년 26회, 1939년에 21회, 1940년 20회, 1941년부터 1944년까지 12회였다는 기록이 남아 있다. 평균 연간 10회 정도 개최된 것이다. 모두가 전쟁을 주된 주제로 삼은 것이었다(시바타 데쓰오柴田哲雄, 2009).

'중국사변 성전 박람회'가 열린 한큐 니시노미야 구장에서는 1939년에 '대동아 건설 박람회', 1941년에 '국방 과학 대박람회', 1943년에 '결전 방공 박람회' 등 대규모 박람회가 잇따라 열렸다. 태평양전쟁 후에도 1950년 3월부터 6월까지 86일 동안 아사히신문사 주최, GHQ 협찬으로 '미국 박람회'가 열린 바 있다. 한큐 니시노미야 구장은 중일전쟁 중에도, 패전 직후에도 프로파간다 박람회의 성지로 불릴 만했다.

군사 영화의 열풍

군사 영화 이야기로 돌아가자. 앞에서 언급했듯이 서양 영화 수입 금지는 다른 한편으로 국산 영화의 제작을 촉진하는 효과를 낳았다. 가부키 공연이 '대부분 사라지면서 전대미문의 부진을 기록한' 것과 같은 전철을 밟지 않도록(《도쿄아사히》, 1938. 7. 10), 각 촬영소는 1938년 이후에도 다양한 생각을 하면서도 군사 영화만큼은 열심히 제작했다.

닛카쓰 다마가와 영화 촬영소의 네기시 간이치(根岸寬一) 소장은 군사 영화를 국민정신 총동원의 도구쯤으로 여기는 발언을 했다(《도쿄아사히》, 1938. 2. 17).

우리는 문화적인 부문에서 국민정신 총동원에 협력한다. 단순히 제작자로서 생각해도 최대한 많은 사람이 흥미를 보이는 소재를 다루는 것은 당연한 결정이다. 현재 일본인의 관심이 다른 데가 아니라 중국사변에 있다면 우리는 그것을 소재로 삼을 것이다.

닛카쓰에서 제작된 군사 영화 중, 일본군 병사들의 단결과 우애를 그린 다사카 도모타카(田坂具隆) 감독의 〈5인의 척후병〉은 1938년 1월에 개봉된 뒤 3주나 큰 인기를 끌었다. 이 작품은 문부성, 내무성, 육군성, 해군성, 경보국(警保局), 교육 총감부, 일본문화협회 등 여러 기관에서 표창장을 받았다. 또 같은 해 영화 잡지 《키네마 순보》에서 일본 영화 1위를 차지했고, 베네치아국제영화제에서 이탈리아 민중문화장관상을 받았다. 단, 이탈리아에서의 평가는 그 전 해에 독일, 이탈리아, 일본이 방공 협정(반코민테른 협정)을 체결한 점을 고려한 정치적인 배려였다.

또 신코(新興)키네마 도쿄 촬영소의 무구루마 오사무(六車修) 소장은 군사 영화를 통해 군부와 손잡아야 하는 필요성에 관해 다음과 같이 발언했다(《도쿄아사히》, 2. 18).

앞으로는 전장의 심리, 용사들의 인간성, 작전 행동과 그에 수반되는 용사들의 일치단결된 책임감 등을 사실적으로 그려내야 한다. 그러려면 어떻게든 군부의 철저한 원조를 얻어야 한다.

국가가 추진하는 총동원 체제에 영화계도 적극적으로 호응하는 대신 군부의 지원을 받아내겠다는 자세가 보인다. 무구루마 소장은 뉴스 영화와는 다른 군사 영화의 본질에 관해서도 지적했다.

또 한 가지, 군사 영화에 대해 하고 싶은 말은 군사 영화가 반드시 전장의 육탄전만 그려야 하는 것은 아니라는 점이다. (중략) 그러니까 전시 정세 속에서 국민 전체가 그 자리를 사수하는 억센 삶을 그리거나, 용사들을 전쟁터로 내보내는 모든 여성의 결심과 각오를 다룬 영화도 중요한 군사 영화로 볼 수 있다는 말이다.

이 한마디는 국민정신 총동원 운동을 단적으로 드러낸 것이나 다름없다. 군사 영화 제작이 국민정신 총동원 운동의 이념에 부합해야 한다는 데는 도호(東寶)영화의 우에무라 야스지(植村泰二) 사장이나 도호의 경쟁사였던 쇼치쿠 오후나 촬영소의 기도 시로(城戶四郎) 소장도 같은 의견을 보였다 (1938. 2. 16, 19).

영화 배급업에 주력하던 도와쇼지는 이 같은 시대 풍조를 수용해 일찌감치 해외 제작에 뛰어들었다. 처음에는 루거우차오 사건 직후에 뉴스 영화를 실사 촬영했으나, 나중에 가와키타 나가마사(川喜多長政) 대표의 판단에 따라 극영화 제작으로 노선을 바꾸었다. 전시의 비련을 그린 니콜라스 파르카스(Nicolas Farkas) 감독의 프랑스 영화 〈뤼순커우〉(1936년 개봉)와 아놀드 팡크(Arnold Fanck) 감독과 이타미 만사쿠(伊丹万作) 감독의 일독 합작 영화 〈새로운 땅〉(1937년 개봉)의 배급에 성공하면서 극영화 제작으로 돌아설 수 있었던 것

그림 7-4 중일 합작 영화 촬영 풍경(1938)

이다. 이렇게 첫 중일 합작 영화로 제작된 것이 스즈키 주키
치 감독의 〈동양 평화의 길〉(1938년 개봉)이다.

'그림 7-4'는 영화 〈동양 평화의 길〉의 촬영장 스냅사
진이다. 이 사진은 하버드 옌칭(Harvard-Yenching) 도서관
이 소장한 만주 컬렉션 중 하나인 《아오야마 다다카즈(靑山
唯一) 스크랩북》에 수록되어 있다. 도와쇼지에서 홍보 업무
를 담당하던 아오야마는 당시 젊은 영화평론가로도 주목받
았다. 아오야마가 기획과 홍보를 담당한 〈동양 평화의 길〉
은 첫 중일 합작 영화로 도와쇼지와 쇼치쿠가 선전에 전력

을 기울인 덕에 개봉 전에는 평가가 좋았다. 강한 반일 성향을 가진 중국인 농민 부부가 일본군과 교류하는 과정에서 마음을 연다는 내용으로, 명백히 '1938년식 평화론'을 의식한 스토리 전개였다. 뻔한 프로파간다 영화라고 할 수 있는 내용이었기에 결과적으로 일본 내의 흥행 수익은 형편없었다. 다만, 도와쇼지의 영화 활동가 가와키타 가시코(川喜多かしこ)의 말에 따르면 이 영화가 배급된 중국, 브라질, 독일 등 해외의 흥행 성적은 나쁘지 않았다고 한다(기시 도시히코, 2020).

국민정신 총동원 운동의 이념에 따라 다양한 군사 영화가 제작됐지만, 조잡한 군사 영화의 인기는 오래가지 못했다. 군사 영화 붐은 1939년 말경에 막을 내린다. 전황이 호전되지 않아 생활이 곤궁했던 관객들이 군사 영화의 단조로운 스토리에 공허함을 느꼈기 때문이다. 이후 태평양전쟁이 발발하자 필름 등 영화 제작에 필요한 물자가 부족해졌고, 군사 영화가 다시 인기를 얻는 일은 없었다(기시 도시히코, 2022).

2. 다수의 '만주와 몽골(만몽) 문제'

《아사히》가 소장한 '후지 창고 자료'

1938년 11월 3일에 제1차 고노에 후미마로 내각은 '동아시아 신질서 체제'를 발표한다. 그 이념을 침투시키기 위해 정부는 프로파간다 매체를 적극적으로 활용한다.

언론계에 대해서는 어땠을까? 1938년 8월에는 '신문 용지 제한령'을 공포해 국가가 신문사의 종이 배급을 관리하게 되었다. 정부가 자재 조달의 권한을 쥐고 흔들자 신문사들은 마치 멱살이라도 잡힌 듯 정부 방침에 따르게 되었다. 엎친 데 덮친 격으로 1939년에는 '군용 자원 비밀 보호법'과 '국경단속법'이 신문사들을 더욱 옥죄고 들었다.

다만, 지역에 따라 프로파간다의 내용과 효과에 정도의 차이는 있었던 것으로 보인다. 그래서 프로파간다가 제국 일본뿐 아니라 그 주변 지역에 어떻게 침투해 '전쟁열'을 높였는지 살펴보기 위해 이 절에서는 북방 변경에서 발생한 '만몽 문제'를 소재로 삼으려 한다. 검토할 자료는 《아사히》가 소장한 만주사변 전과 만주사변 당시의 사진인 '후지(富士) 창고 자료' 속에 잠들어 있는 몽골 관련 사진이다.

원래 만주사변 전과 만주사변 당시의 사진이 신문사에 남아 있는 사례는 많지 않다. 《오사카아사히》는 스톡 사진을 나라(奈良)의 덴리(天理) 도서관으로 이관했고,《오사카 마이니치》는 소개지인 나라의 오류지(王龍寺)에서 구 오사카 본사의 지하 금고실로 옮긴 바 있다. 그래서 이 두 신문사의 경우는 전쟁 중 공습 피해와 태평양전쟁 후 GHQ가 접수해가는 것을 피할 수 있었다. 이에 반해 동맹(同盟) 통신사,[4]《도쿄 니치니치》등은 군의 파기 명령에 따라 필름과 유리건판을 대부분 소각했고,《요미우리》는 공습으로 사옥이 소실됐을 때 필름 대부분도 잃었다.

'후지 창고 자료'의 몽골 관련 사진은 각 인화 사진의 뒷면에 적힌 주홍색 메모를 보고 판별할 수 있다. 전체 7만여 점 중, 메모를 통해 몽골 관련으로 분류된 것은 4% 미만인 2,578점이었다. 이들을 당시 유라시아 대륙 동부에 들어선 각 지역 정권별로 재분류하면 만주국 관련 사진이 1,681점, 몽강국[5] 관련이 360점, 만주국과 몽골인민공화국의 분쟁지였던 할흐(Khalkh) 강 관련이 242점, 기타가 295점이다.

이를 통해《아사히》에 남아 있는 몽골 관련 사진의 핵심은 소련에 대한 반공보다는 '만몽 문제', 즉 만주국 문제였음을 알 수 있다(이하, 다음 문헌 참조. 기시 도시히코, 2019).

4) 1936년에 발족한 사단법인 통신사. 주로 각 신문사에 기사와 사진을 배급하는 활동을 했으며 비용은 회원 신문사들이 부담했다.
5) 1936년에 수립된 일본의 괴뢰 정부. 몽골연합자치정부라고도 한다.

연도	점수	
1928	0	0.0%
1929	37	1.4%
1930	6	0.2%
1931	11	0.4%
1932	69	2.7%
1933	**1,267**	49.1%
1934	**148**	5.7%
1935	48	1.9%
1936	63	2.4%
1937	**134**	5.2%
1938	**139**	5.4%
1939	**415**	16.1%
1940	36	1.4%
1941	13	0.5%
1942	2	0.1%
1943	2	0.1%
1944	1	0.0%
1945	0	0.0%
불명	187	7.3%
합계	2,578	100.0%

표 7-2 '후지 창고 자료'에서 몽골 관련 사진을 연도별로 입수한 사진의 수

세 가지 중대 사건

'후지 창고 자료'의 몽골 관련 사진을 시간의 흐름에 따라 정리한 것이 '표 7-2'이다. 사진이 촬영된 시기는 1929년부터 1944년까지다. 대만 관련 사진이 1941년 말 이후 저장되지 않은 것과는 차이가 있다. 그만큼 '만몽 문제'는 군부와

공동보조를 취하던 언론계의 관심을 끌었던 것으로 보인다. 이제부터는 '만몽 문제'와 관련된 세 가지 중대 사건의 전황 사진에 주목하면서 그 사진들의 특징을 정리해 보고자 한다.

① 러허 사건(1933년 2~5월)

6장에서도 언급했듯이 러허(熱河) 사건은 만주국이 세워진 이듬해인 1933년에 발발한 전투이다. 러허 성은 현재의 허베이 성, 랴오닝 성, 네이멍구 자치구에 걸쳐 있는 지역 일대이다. 이 사건은 만주국이 세워진 뒤, 만주국군과 관동군이 영토 확장을 위해 러허를 침공, 점령한 것을 가리킨다. 이에 항전하기 위해 러허에 입성한 이들이 장쉐량(張學良)의 군대였고 양 진영은 치열한 전투를 벌였다.

개전부터 탕구(塘沽) 정전 협정이 체결되기까지 약 석 달 동안 《아사히》는 사건 취재를 위해 종군 특파원을 보냈고, 공중 촬영을 포함한 다채로운 취재를 감행했다. 《도쿄아사히》만 해도 특파원 기사를 포함해 천여 편의 기사(이 중 사진이 첨부된 기사는 10분의 1 정도)를 싣고 16편의 호외를 발행했다. 만주사변 전과 만주사변 당시에 《아사히》는 공격적인 취재로 기사와 뉴스 영상을 남겼는데, 이러한 예는 중일전쟁을 제외하고는 찾아보기 어렵다. 이는 지극히 예외적인 대처였다.

'후지 창고 자료'에 있는 러허 사건 관련 사진에는 다음과 같은 몇 가지 특징이 있다. 첫째, 신문사에서 파견된 기자들이 종군하면서 남긴 사진이기에 군사기밀보호법과의 관계를 염두에 두기는 했어도, 어쨌든 각 사단, 연대, 부대의 움직임이 낱낱이 기록되어 있다는 점, 그리고 산해관(山海關)에서부터 만리장성을 따라가는 지역에서 정찰 또는 공중 촬영을 위해 자사기와 육군 경폭격기를 자주 이용했다는 점이다.

둘째, 선무 공작 사진이 많다는 점이다. '선무'란, 무력을 쓰지 않고 오히려 물품이나 의약품을 제공하거나 문화 오락 행사를 열어 주민을 회유하는 것을 말한다. 이 말이 최초로 정식 사용된 것이 러허 사건 때라고 한다. 1933년 2월부터 진저우(錦州)에서 관동군이 선무 공작을 펼치기 시작했을 때의 모습과 차오양(朝陽)에서의 선무 활동, 콴청(寬城)에서의 시료반 활동, 시펑커우(喜峰口) 성안에서 선전 포스터를 붙이는 모습이 사진에 찍혀 있다(기시 도시히코, 2010).

셋째, 시각 매체를 적극적으로 이용해 보도했다는 점이다. 러허 사건 관련 전황 사진은 신문 지면뿐 아니라《아사히 화보》등 화보 잡지에도 실렸다. 또 러허 작전은 뉴스 영화에서도 상세히 보도됐다.《아사히》가 제작한 뉴스 영화로는 〈풍운, 위급을 알리는 러허〉, 〈황군 러허 입성〉, 〈러허 대토벌〉, 〈황군 약진〉, 〈러허 토벌〉 등이 있다.

넷째, 몽골인의 풍속에 관한 사진이 많다는 점이다. 유목 생활이라는 이국적인 습속을 다룸으로써 독자들의 관심을 끌려고 한 것이 아닐까?

독자와 관객들은 이 같은 몽골 관련 사진 보도와 뉴스 영화를 보면서 러허에 대한 관심을 키웠다.

② 차하르 작전(1937년 8월~1938년 11월)

차하르(察哈爾) 작전은 1937년 7월 7일에 일어난 루거우차오 사건의 다음 달에 시작됐다. 분쟁의 발단은 장자커우에서 일어난 두 차례의 장베이(張北) 사건으로 거슬러 올라간다. 최초의 장베이 사건은 1934년에 네이멍구를 조사하던 일본군 장교가 중국군에 폭행당한 사건이고, 두 번째 장베이 사건은 1935년에 관동군 특무기관원이 감금된 사건이다. 모두 우발적인 사건이었다.

일본 국내에서는 그동안 몽골인민공화국(현재 몽골) 및 소련과 연결되는 차하르 성의 지정학적 의의를 거의 의식하지 못했는데 이 두 차례의 장베이 사건으로 인해 특히 북진을 목표로 하는 군부가 차하르 성 및 인접한 쑤이위안 성(綏遠省)의 중요성을 인식하게 되었다. 이후 두 성은 중국과 일본의 분쟁지로 부상한다.

차하르 성과 쑤이위안 성의 정치적 핵심 인물은 덕왕(德王, Demchigdonrov)[6]으로 네이멍구 자치운동의 지도자로 기대되던 사람이었다. 차하르 작전 기간에 덕왕의 이름이 등장하는 기사가《도쿄아사히》에만 100편 가까이 실렸다. 또 《아사히 화보》 783호(1938. 11. 9)에는 "일등 훈장에 빛나는 아시아의 풍운아 덕왕"이라는 사진 특집이 편성되기도 했다. 해당 기사는 특히 1938년에 덕왕이 찰남(察南) 자치정부 최고위원인 우품경(于品卿) 및 진북(晉北) 자치정부 최고위원인 하공(夏恭), 몽골군 총사령관 이수신(李守信)과 함께 일본에 처음 방문했을 때의 모습을 세밀하게 보도했으며, 당시 그들이《오사카아사히》본사를 방문해 친필 휘호를 남기는 사진도 남아 있다. 덕왕 일행에 대한 관심이 엿보이는 대목이다.

6) 1902~66. 남몽골의 정치가로 괴뢰 정부인 몽골연합자치정부의 주석을 지냈다. 일본에 협력한 대가로 일등 훈장을 받았다.

③ 노몬한 사건(1939년 5~9월)

노몬한 사건은 1939년 5월에 일본군·만주국군의 연합군과 몽골인민공화국·소련의 연합군 사이에 일어난 국지전이다. 만주국과 몽골인민공화국의 국경 지대 지명이 노몬한이다. 몽골에서는 이 군사 충돌을 할하강 전투라고 부른다.

노몬한 사건을 두고 냉전기에는 소련과 일본 양국의 대리전이라는 해석이 많았지만, 몽골인에게는 만주와 몽골의 수원지 및 목초지를 놓고 벌인 생사를 건 지역분쟁이었다. 이 일대는 유목에 적합한 평야 지대였기에 효과적으로 공중폭격을 퍼부을 수 있는 지역으로 주목받고 있었고, 양군 모두 그에 관한 군사기밀을 활발히 이용했다. 결과적으로 공중 촬영 사진이 많이 찍혔으며 지상전을 치르는 병사들과 유목민의 모습은 사진에 남아 있지 않다. 이 때문에 사건의 피해 상황과 양군의 전투 능력 평가에 관해서는 지금도 학계에서 논쟁이 끊이지 않고 있다.

노몬한 사건에 대한 언론계의 관심도 높았다. 일본 본토의 신문사나 통신사는 사건을 취재하기 위해 많은 특파원을 파견했다. 전선에 나간 미국 UP 통신의 프레더릭 오퍼 종군기자가 혈투가 벌어진 바르샤갈 고지를 일본군과 함께 취재하는 모습이 찍힌 사진도 남아 있다. 당시 외국인 기자가 일본 측 특파원과 행동을 같이했음을 알 수 있다.

    그러나 언론의 관심이 높았음에도 '후지 창고 자료'의 노몬한 사건 관련 사진은 많다고는 할 수 없다. 만몽 국경 문제에 관한 보도는 관동군이 수시로 검열했기 때문이다. 특히 최전방에서는 관동군 검열관이 기자를 따라다니는 등 취재 활동에 대한 군의 감시가 철저했다. 전황 사진을 몰수하기도 한 것 같다. 예를 들어,《아사히》가 만몽 국경 도시인 훌룬부이르 일대를 촬영한 사진을 제출했을 때, 관동군 사령부는 풍속 습관에 관한 것 외에 싱안링(興安嶺), 보케투(博克图), 자란툰(札蘭屯), 만저우리(満洲里) 등의 사진 백수십 장을 모두 몰수했다(기시 도시히코, 2013). 현재는 만몽 국경 지대의 노로 고지, 바르샤갈 고지, 하이라스틴 강(호르스텐 강), 모호레히 호수, 부이르 호수 부근에서 벌어진 격전을 담은 사진, 소련 공군을 격추하는 거친 독수리 부대의 모습, 소련에서 손에 넣은 전리품, 포로로 잡은 소련 장병 사진 등이 겨우 남아 있다.

    격전을 벌였던 노몬한 사건은 어떻게 종결되었을까? '후지 창고 자료'에는 1939년 8월에 소련 치타(Chita)에서 열린 사전협상과 9월 노로 고원에서 개최된 후지모토 테쓰쿠마(藤本鉄熊) 소장과 미하일 포타포프(Михаил Потапов) 소장 등에 의한 현지 정전협정 회의 외에 치타, 모스크바, 만주국 하얼빈에서 열린 만몽국경획정위원회를 촬영한 사진이 남아 있다.

그러나 그 어느 회의에서도 결론이 나지 않았고, 결국에는 1941년 4월 25일에 발효된 '소련·일본 중립 조약'에 따라 국경이 그어졌다. 그리고 1945년 8월에 소련이 이 조약을 파기하고 대일 선전포고를 한 뒤, 만주국을 군사 침공하자 국경 문제는 다시 원점으로 돌아갔다.

몇 안 되는 노몬한 사건 관련 사진 중에는 사건 발발 전에 찍은 것으로 보이는 귀중한 사진 한 장도 포함되어 있다. 만몽 국경 전선에 투입되기 전에 집결한 일본 병사들의 모습을 찍은 것이다. 사진 뒷면에는 '노몬한 사건 제1보', '육군성 허가 완료 2월 3일'이라고 적혀 있다. 그런데 '관동 검열'이라는 글자 위에 두 줄의 빨간색 선이 그어져 있고 '게재 불가' 도장이 찍혀 있다. 관동군과 육군성이 함께 게재 허가를 했는데도 '게재 불가' 결정이 난 이유는 무엇일까?

이 도장은 《아사히》가 찍은 것으로 보인다. 언론계에 대한 검열은 군과 내무성이 주도했어도 신문사 안에서 국가 프로파간다에 따라 알아서 자체 규제가 이뤄졌음을 '후지 창고 자료'의 몽골 관련 사진을 통해 알 수 있다.

이어지는 8장에서는 1941년에 시작된 태평양전쟁을 다룬다. 일본 국민에게 유력한 정보원이 되어 준 신문사와 영화계는 정부와 군의 프로파간다를 실행하는 홍보 선전 기관으로 변질해 당국의 명령대로 '대본영 발표'라는 이름으로 전황을 전했다. 출구 없는 상황에 갇힌 당시 언론의 모습을 살펴보자.

8장

태평양전쟁

—시각 보도의 쇠퇴(1940년대 전기)

1940년대 전기는 제국 일본이 해체로 향하는 시기였다. 그 결정적인 계기는 말할 것도 없이 태평양전쟁에서의 패배다.

태평양전쟁은 1941년 12월 8일 새벽(하와이 시각으로 7일), 말레이(Malay) 반도 코타바루(Kota Bharu) 내 영일 양군의 전투로 시작된다. 그 직후에 일본 해군은 진주만(Pearl Harbor)을 공격해 미국과의 전면전에 돌입한 뒤, 전투 지역을 중국에서 동남아시아, 서태평양 일대로 확대했다.

이 시기 민생은 곤궁으로 인해 눈에 띄게 피폐해졌고, 내각 정보국과 특별고등경찰(특고)의 언론, 보도, 문화, 국내 여론에 대한 통제로 인해 세상은 온통 짓눌리고 답답한 분위기였다. 그때까지 프로파간다 침투에 활용된 시각적 보도도 쇠퇴했다. 이러한 상황은 《아사히》의 '후지 창고 자료'에서 1940년대 전기의 전황 사진이 매우 한정적이라는 점만 봐도 알 수 있다.

영미를 비롯한 연합국과의 국력 및 무력 차이는 여실했다. 제국이 점차 무너져내리는 가운데 프로파간다는 어떤 변천을 거쳤을까? '전쟁열' 고양과 함께 언론계가 무력하게도 국가 프로파간다에 굴복하는 분기점이 된 1941년 이후의 상황을 되돌아본다.

1. '국가 총동원 체제'하의 언론 봉쇄

신문 매체의 '죽음'

총력전 체제는 여론을 거국일치로 몰아가는 것을 최우선 과제로 여겼다. 1940년 12월에 출범한 내각 정보국은 언론계와 문화 오락 업계 모두를 단속 대상으로 삼았다. 또 '신문지 등 게재 제한령'(1941년 1월 공포), 첩보를 경계하는 '국방보안법'(1941년 3월 공포)에 따라 언론인의 자유롭고 주체적인 취재에는 큰 제한이 가해졌다(기시 도시히코, 2013).

1941년 11월, 내각이 결정한 '신문의 전시 체제화에 관한 건'은 언론계에 치명상을 입혔다. 이 결정에 따라 산업 통제 기구인 통제회가 만들어졌는데, 이는 전국의 신문을 통합, 신설하는 것 외에 자재 배급을 조정하면서 신문사의 경영과 편집이 국책을 따르도록 개선을 촉구하는 조직이었다(우치카와 요시미 엮음內川芳美 編, 1975).

12월에 태평양전쟁이 발발하자 '신문사업령', '언론·출판·집회·결사 등 임시 단속법' 등이 차례로 공포되었다. 이들 법령으로 정부는 유언비어를 단속했을 뿐 아니라 시국에 맞지 않는 보도를 했다고 판단할 경우, 행정처분에 따라 신문 발행을 정지할 수 있게 된다(아사히 신문 백년사 편수위원회 엮음, 1991).

더욱이 정부의 통제령 아래 도쿄에서는《고쿠민(國民) 신문》과《미야코(都) 신문》이 통합해《도쿄 신문》을, 아이치에서는《신아이치》와《나고야》가 통합해《주부(中部)니혼신문》(현재《주니치(中日) 신문》)을, 그리고 후쿠오카에서는《후쿠오카 니치니치》와《규슈(九州)일보》가 통합해《니시니혼(西日本) 신문》을 창간했다(미야모토 요시오宮本吉夫, 1984).

지방지는 1942년 말에 '1현 1지' 체제로 거의 재편되었다. 그 결과, 1938년에 일본 전국 739개에 달했던 신문이 1942년에는 54개까지 감소했다. 이와 함께 신문의 지면도 줄어《마이니치》의 경우 1944년 3월에 석간이 폐지되고 패전 전년부터 조간은 불과 2페이지짜리 전단 같은 모양새로 변했다(《마이니치》, 2015. 8. 15).

이 같은 통합, 재편 움직임은 각계로 퍼져나갔다. 1935년에 대일본영화협회가 발족됐고, 1937년에 일본방송협회는 정부의 통제하에 들어갔으며, 1941년에 일본출판배급주식회사와 일본음악문화협회가 만들어졌다. 검열 강화와 통제 확대로 제국 일본은 그 어느 때보다도 답답한 분위기에 휩싸인다.

군 선전반과 군 보도반

1941년 9월경, 육군은 야마시타 도모유키(山下奉文) 중장을 중심으로 남방 작전 선전반 창설에 착수했다. 독일, 이탈리아에서 군사 시찰을 마치고 귀국한 야마시타 중장은 나치 독일의 국민계몽선전부(RMVP) 산하 선전 중대(PK) 같은 조직을 도입해야 한다고 주장했다.

군부에 선전반이 설치되자 그 산하에 보도반이 만들어졌다. 해군 보도반의 경우 기사반, 보통 사진반, 영화반, 무전반, 라디오반, 작가반, 회화반, 검열반으로 부서가 나뉘었고, 발족 당시 인원은 200명 정도였다(《요미우리》, 1942. 2. 21). 1930년대까지만 해도 신문사와 통신사에서 군에 파견한 특파원들은 자체 물자로 종군하면서 재량껏 취재할 수 있었다. 그러나 군 보도반이 만들어지면서 신문사들은 자체 특파원을 보내기 어려워졌고, 취재와 보도는 완전히 군부의 손아귀에 들어갔다.

특히 신문사 특파원증이 없는 기자나 카메라맨은 줄줄이 징용에 끌려갔는데 군 보도반 반원(징용 기자)이 된 사람은 적었다. 뒤집어 말하면, 그때까지 신문사와 통신사 특파원증을 가진 언론인은 징병 대상이 되지 않았으므로 징용된 병사보다 신변의 안전을 확보할 수 있었던 셈이다. 특파원증은 언론인들이 전선에서도 특권을 가졌던 증거였다.

군부의 검열이 강화됨에 따라 전선이라는 한정된 보도 공간에서 특파원의 수는 줄어들고 군 보도반 반원이 그들의 역할을 대부분 차지했다(아사히신문 백년사 편수위원회 엮음, 1991). 중요한 기사에는 '(대본영) 육군 보도부 파견 본사 기자', '해군 보도반 반원 모 특파원' 같은 문구가 붙었고, 기자의 독자적인 시각은 담을 수 없게 되었다. 군부의 방침과 의향은 절대적이었다. 다만, 동맹 통신을 거치면 'ㅇㅇ기지 ㅇㅇ해군 보도반원(ㅇㅇ신문사)'이라는 단서를 붙여 신문 지면에 뉴스를 게재할 수 있었다(마이니치신문사 종전 처리위원회 엮음, 1952).

이처럼 대본영이나 동맹 통신이 정보와 보도를 독점함에 따라 뉴스의 전달이 늦어졌고, 지면에 실리는 전황 사진은 급감했다.

대본영 발표의 허구

군부 최고 통수 기관인 대본영이 전쟁 보도를 독점하게 된 것은 사실 태평양전쟁이 발발한 당일부터였다. 물론 대본영의 보도는 그 이전부터 이뤄졌지만, 신문의 일기예보란 같은 부분까지 군사기밀로 취급해 관리, 통제하게 된 것은 이 전쟁부터다. 보도 체제의 측면에서 보더라도 중일전쟁 발발 당시와는 결정적인 차이가 있었다. 이와 연동해 아사히 사내에서는 '보도부 발표 외에는 쓰지 말 것', '대본영이 허가한 것 외에는 일절 게재 금지'라는 통지가 내려졌다 (아사히 '신문과 전쟁' 취재반, 2008).

앞에서 설명했듯이 전쟁 발발 직후에 공포된 '신문사업령' 등에 따라 신문은 보도기관이라고 자칭하면서도 그 실태는 완전히 국가 선전기관으로 변해 있었다. 기자가 하는 일도 군부나 정부 기관이 작성한 문안을 고쳐쓰는 데 그쳐, 본래의 가치를 잃었다(기시 도시히코, 2013). 전황이 나빠지자 대본영의 발표는 한층 더 군부에 유리한 사실만 전했고, 급기야 전황 정보마저 왜곡, 조작하는 지경에 이르렀다.

신문사의 독자적인 관점이라고 해봐야 지역의 로컬 기사가 고작이었다. 후방을 지키는 사람들의 노고와 공습으로 인한 본토 피해, 특공대의 영웅담 정도였다. 보도의 매력이 사라지자 신문사의 매출은 끝없이 추락했다. 카메라맨의 활동도 제한되어 화보 잡지는 육군 참모본부 산하 출판사인 도호샤(東方社)가 발행하는《FRONT》(1942~45) 등 손에 꼽힐 만큼 적어졌다.

1945년에는《FRONT》마저 발행이 중단된다. '그림 8-1'은《FRONT》최종호이자 특별호인 '전시 도쿄(싸우는 도쿄)'의 표지다. 전쟁 막바지인데도 표지는 오프셋 5색으로 인쇄

그림 8-1《FRONT》특별호(1945)

된 것으로 보아 육군에서 나름대로 자금을 제공했음을 알
수 있다. 본문 설명은 중국어로 되어 있고, 사진 설명은 모
두 가타카나로 썼다. 중국으로 발송할 수 없었던 시대였던
만큼 출시 의도는 불분명하다. 특히 흥미로운 것은 도쿄가
공습으로 막대한 피해를 보았는데도 공습 전 풍경 사진을
나열하여 젊은이들과 아이들의 모습을 보여주면서 '근대화

한 도쿄'라고 선전한 점이다. 프로파간다 잡지로서의 실태
가 생생히 드러나는 진부한 내용이었다.

대동아 공영권 구상의 유포

1943년 1월 5~6일, 연합국과 대항하기 위한 국방 강화책
을 논의하기 위해 대동아회의가 열렸다. 중화민국(왕징웨이
汪精衛[본명 왕자오밍汪兆銘] 정권), 만주국, 태국 왕국, 필리핀 공
화국(Philippines), 버마국(Burma, 현재 미얀마), 그리고 옵서버
자격으로 참석한 자유인도임시정부 대표자들 앞에서 공존
공영의 질서를 건설하겠다는 '대동아 공동 선언'이 발표되
었다. 각국과의 교류, 인종차별 철폐, 문화 교류를 강조했지
만, 제국 일본의 본심은 참가국의 인적, 물적 자원을 확보하
는 데 있었을 것이다(기시 도시히코, 2005).

그러기 위해서는 대동아 공영권이라는 모호한 질서에 관
한 구상을 보급, 유포해야 했다. 이때 이용된 것이 신문과
출판, 문화 오락, 그리고 박람회다. 예를 들어, 대일본 웅변
회 고단샤(大日本雄弁会講談社)에서 그림책《대동아 공동선언》
(1944. 2)이 출판될 정도였다(그림 8-2). 전쟁 관련 만화와 게
임이 유행했고, 아동용 전쟁 종이 연극과 애니메이션 상영
회, SP 레코드 감상회가 열렸다. 대동아 공영권이라는 구상

그림 8-2 아동용《대동아 공동선언》(1944)

과 이미지는 아이들의 놀이에까지 파고들었다.

대만 항공전의 '오보'

대본영이 전황 정보를 왜곡, 조작한 사례로 자주 거론되는 것이 1942년 6월에 일어난 미드웨이(Midway) 해전, 1944년 10월에 일어난 레이테 만(灣) 해전과 대만 항공전이다. 모두 일본 해군의 피해를 숨기고 미군에 대한 전쟁 성과를 과장한 기사를 쓰게 했다.

여기서는 대만 항공전에 대해 다루어 보자. 《아사히》에 실린 대만 항공전 관련 기사 '대본영 발표 쇼와 19년(1944) 10월 19일 18시'에는 12일부터 대만 동쪽 해역에서 일본군 항공부대가 연합군 기동부대를 요격해 항공모함, 전함 등을 격파했다는 전공이 적혀 있다(《아사히》, 1944. 10. 20).

그런데도 지면에 실린 사진은 지룽(基隆) 시에서 격추된 그라만 전투기의 잔해 같은 것뿐이었다. 대본영은 성과를 과장해 자랑했지만, 그 증거로 사진을 싣는 일은 없었다.

이 전투의 실태는 어땠을까? 대만 항공전에서는 미 해군의 항공모함이나 전함은 한 척도 가라앉지 않았고, 일본군은 항공기 300대 이상을 잃는 참패를 맛보았다. 해군은 '오보'를 파악하고도 육·해 양군의 분파주의에 빠져 육군 참모본부에는 통보하지 않았다. 그 결과, 레이테 섬에서 전투가 벌어졌을 때, 분명히 격파했다고 들은 미군 항공모함과 함재기가 나타나 육군부대는 대대적인 타격을 입었다(《요미우리》, 2018. 8. 15). 대본영의 대규모 가짜뉴스가 자국을 곤경에 빠뜨린 것이다.

이 같은 '오보'와 관련해 언론 측의 책임도 지적할 수 있다. 일본의 신문사들은 1945년 8월 26일 마지막 대본영 발표 때까지 군과 정부의 발표를 하나도 검증하지 않고 그대로 기사화해 싣기를 반복했다. 프로파간다를 주관한 대본영이 1945년 9월 13일에 GHQ(연합군 총사령부)의 지령에 따라 해체된 뒤에도 신문사들은 오랫동안 대본영의 실태를 밝히지 않았다.

신문사가 전쟁에 대한 책임을 정면으로 묻기 시작한 것은 전후 60년이 지나면서 국민의 70% 이상이 전후세대가 된 2000년경이다. 《요미우리》는 사내에 '전쟁 책임 검증 위원회'를 설치해 2005년 8월부터 1년간 특집 기사를 연재했다. 이듬해 책으로 나온 《검증, 전쟁 책임》은 영어판과 중국어판으로도 간행되었다. 쇼와 시기에 일어난 일련의 전쟁을 '쇼와 전쟁'으로 칭하며 각계 지도자의 전쟁 책임을 밝히는 내용이었는데, 신문사 자체의 책임은 빠져 있다.

《아사히》는 2007년 4월부터 약 1년간, '신문과 전쟁'이라는 제목의 장기 연재 기사를 실었다. 전후에 신문사가 자신들의 전쟁 책임을 전면적으로 논한 것은 이것이 최초일 것이다. 이 기사는 이듬해에 《신문과 전쟁》이라는 책으로 출판되었다.

2. 국방을 위한 대만의 '내지화(內地化)'

대만군 사령부의 검열

이 시기의 식민지는 어떤 상황이었을까? 여기서는 대만에 관해 다루기로 한다. 중일전쟁 발발 직후부터 대만 총독부는 언론계, 출판계를 통제했고, 검열 범위를 일반 풍속에서 군사정보, 사상, 정치·경제 정보, 나아가 개인정보로 점차 확대했다. 당시 대만 총독에는 2·26사건[1] 이후 해군에서 쫓겨나 예비역으로 편입한 해군 대장 고바야시 세이조(小林躋造), 그리고 해군 대장 하세가와 기요시(長谷川淸), 육군 대장 안도 리키치(安藤利吉) 등 무관 총독이 차례로 취임했다.

---

1) 1936년 2월 26~29일에 발생한 쿠데타 미수 사건. 청년 장교들이 일왕을 내세우며 총리를 비롯한 각료들을 살해하기로 계획했다. 그런데 일왕은 오히려 이들을 진압하라고 명했고, 봉기한 장교 대부분이 자결하는 등 쿠데타는 흐지부지 끝났다. 그러나 이를 계기로 군인이 정치에 간여하면서 전쟁 구상은 더욱 거대해졌다.

일본 본토와 마찬가지로 대만의 전시 체제를 뒷받침한 것은 1937년 5월에 시행된 국가총동원법이었다. 이 법이 제시하는 국방 목적을 달성하기 위해 다양한 분야에서 인적, 물적 자원을 통제 운용하는 법령이 나왔다. 언론·출판 분야에서는 1941년 1월에 '신문지 등 게재 제한령', 같은 해 12월에 '신문사업령', 1943년 2월에 '출판사업령'이 공포되면서 대만 총독의 책임하에 총독부와 각 주(州) 관청이 검열과 사업 통제를 맡았다.

또 이들 법령과 함께 일본에서는 다소 늦은 1939년 6월에 '군용 자원 비밀보호법', 1941년 5월에 '국방보안법'도 시행되었다. 이들은 군사, 외교, 재정, 경제 등의 기밀정보에 관한 보호 및 유지를 엄격히 의무화한 법령이었다.

이렇게 대만 총독의 통제권이 확대됨과 동시에 대만군 사령부의 검열 체제도 강화되었다. 1940년 8월 2일에 "국방 사상의 보급, 여론 지도의 중요성이 점점 커짐에 따라 새로운 정세에 즉시 대응하기 위해" 군 보도부가 신설되었다(《도쿄아사히》, 1940. 8. 3). 본토와 마찬가지로 신문사와 방송사의 자체 취재나 정보 선택은 배제되고 모든 것은 대만군 보도부의 검열을 거쳐야 했던 것이다.

일례로 1940년 10월 대만 신사 앞에 있는 가마를 찍은 《아사히》의 '후지 창고 자료' 사진이 있다. 사실 사진의 뒷면이 중요한데, 거기에는 군과 헌병대가 검열한 흔적이 남아 있다.《오사카아사히》타이베이 지국장이었던 나가나와 슌조(長繩俊三)가 '군사 기사 게재 허가원'을 제출했다는 사실과 함께 대만군 보도부가 심사한 뒤에 타이베이 헌병대 본부까지 검열에 나섰음을 알 수 있다(기시 도시히코, 2013). 검열의 손길은 이런 일상 풍경까지 '군사 기사'의 대상으로 삼았던 것이다.

특별 지원병 제도

대만에서는 1941년 4월에 황민봉공회(皇民奉公會)가 출범했다. 황민봉공회는 황민화 운동을 추진하는 기구로서 일본 본토의 대정익찬회(大政翼贊會)[2] 같은 역할을 담당했다. 대만의 각 주 관청, 시, 군, 가(街), 장(庄) 등 각 지역 차원에서 조직화했으며, 나아가 연령별, 직업별 봉공회—연극정신대, 학도봉공대, 상업봉공단, 대만 의사봉공단, 대만 선전미술봉공단, 종군기념회 등—도 존재했다. 이로써 대만인과 대

---

2) 1940년부터 1945년까지 존재한 정치 결사체. '대정'이란 천황 폐하의 정치를 뜻하며, '익찬'은 힘을 보태 천자를 돕는다는 의미다. 전체주의적 국민 통합 조직으로 군부에 이용되어 전쟁에 국민을 동원하는 역할을 했다.

류 화교, 본토에서 이민 온 일본인까지 포함한 전 섬의 총동
원 체제가 완성되었다(대만 문화부 국가문화자료고).

　1941년이 되자 그때까지 '남진의 거점'으로만 취급하던
대만에 대해 '대만의 내지화'[3]가 강조되기 시작한다(고토 겐
이치後藤乾一, 2010). 이렇게 해서 '대만은 대동아 공영권의 중
심'으로 자리매김하고(그림 8-3), 국방을 위한 지정학적 중요
성이 부상함에 따라 대만인도 육군 특별 지원병 제도의 적
용 대상이 된다. 그 준비 단계의 골자는 다음과 같다(《도쿄아
사히》, 1941. 6. 21).

> 1. 종래의 병역법은 호적법의 적용을 받아 일본 본토에 본적을
>   가진 사람에게만 적용되었으나, 이번에 칙령을 통해 대만인
>   에게도 특별한 지원병 제도를 마련해 병역에 복역할 길을
>   열었다.
> 1. 쇼와 17년(1942) 봄부터 실시할 예정으로, 올해(1941) 12월
>   경 대만 특별 지원령의 칙령 공포 절차를 밟아 대만 총독부
>   에서 즉시 시행 준비에 착수한다.
> 1. 지원병 응모 연령은 내지와 마찬가지로 18세 이상이 될 예
>   정. [이하 생략]

3) 내지(內地)란, 식민지를 거느리는 본토, 즉 일본을 말한다.

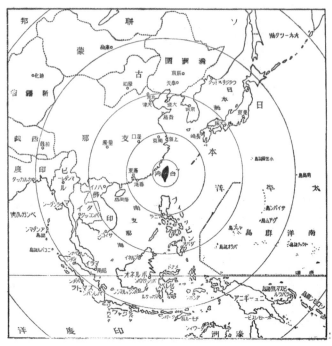

그림 8-3 지도 '대만은 대동아 공영권의 중심'

　　같은 시기, 대만 원주민으로 구성된 다카사고(高砂)[4] 정신
보국대(제2회 모집 이후에는 '다카사고 의용대'로 개칭)도 조직되었
다. 수천 명이 군무원 대우를 받는 지원병으로 출병했지만,

---

4) 16~19세기에 일본이 대만을 부르던 별칭

그중 절반이 전사했다. 필리핀으로 건너간 약 500명도 바탄 죽음의 행진과 코레히도르(Corregidor) 전투에 가담했다. 특공대원으로 동원된 사람도 있었지만, 아메바성 이질에 걸려 귀환한 사람을 제외하면 모두 전사했다고 한다(《아사히》, 1993. 10. 21).

1943년 3월에 병역법이 개정되자 5월 12일에는 조선, 대만에서도 해군 특별 지원병제가 시행되어 그 예비 훈련을 연도 중에 개시한다는 발표가 났다(《마이니치》, 1943. 5. 13).

대만 내 징병

대만에서 검열과 통제가 강화되는 가운데 이 시기에 현상된 사진에는 어떤 의도가 담겼을까?

태평양전쟁이 발발한 날, 대만 총독인 하세가와 기요시는 '총독 훈시'를 발표해 제국 일본의 대영미 선전포고를 지지하고 협력할 것을 선언했다(대만 총독부 정보부, 1942). 그리고 이듬해인 1942년 1월, 대만 총독부는 황민봉공회와 연계를 강화하기 위해 전속 직원이 없는 임시 정보부를 폐지하고 총독 관방 내에 정보과를 새로 설치했다. 정보과에는 총무, 정보, 보도, 문화, 예능 외에 황민봉공을 추가한 여섯 개 계가 만들어졌고, 이를 통해 국책 수행을 위한 정보 수집과 계몽 선전이 강화되었다(《오사카아사히 대만판》, 1941. 1. 29).

대만에서 징병제가 시행되기 반년 정도 전인 1944년 2월, 《아사히》는 보도 사진집인 《남방의 거점 대만》(1944A)을 발행했다. 이 사진집의 첫머리에 "대만 동포의 징병제, 각의 결정, 쇼와 20년도(1945년도)부터 실시"라는 기사가 전재되어 있다. 징병제를 대만 개발의 성과 중 하나라고 강조한 것이다.

이 사진집에 실린 사진은 모두 검열을 거친 것이다. 표지의 비행기 사진은 육군성 및 육군 항공본부의 검열을 마쳤다는 기록이 있으며, 본문 사진은 대만 총독부, 타이베이 헌병분대, 지룽 요새사령부, 가오슝(高雄) 요새사령부, 가오슝 경비부의 검열을 마쳤다고 되어 있다. 검열에 관련된 기관은 계속 늘어났고 제도 자체도 복잡해졌다.

검열과 함께 통제도 이루어졌다. 1944년, 타이베이의 《대만 일일신보》, 《싱난(興南) 신문》, 타이중(台中)의 《대만 신문》, 타이난(台南)의 《대만 일보》, 가오슝의 《가오슝 신보》, 화롄(花蓮)의 《동대만 신보》 등 6개 신문이 《대만 신보》로 통합되었다. 물론 신문뿐 아니라 "결전 비상조치 요강", "학도 동원 실시 요강", "대만 전장 태세 정비 요강"이 발표되면서 대만이 가진 모든 인적, 물적 자원을 전투에 활용할 수 있도록 조직적으로 결전 전력을 마련했다. 이렇게 통제가 이루

그림 8-4 《아사히》의 보도 사진집, 《대동아 전쟁과 대만 청년》(1944)

어지는 가운데 그해 9월 1일, 징병제가 집행되었다. 이날을 '기념일'로 삼아 전 섬에서 기념 문화 영화가 상영되기도 하고, 기념 전람회가 열리기도 했다고 한다(《마이니치》, 1944. 9. 1).

이때도 《아사히》는 대만에 징병제를 침투시키기 위해 새 보도 사진집인 《대동아 전쟁과 대만 청년》(1944B)을 출간했다. 권두화로는 대만군 사령관 안도 리키치 대장의 초상 사진이 실렸으며, "징병제 실시", "징병으로의 길"(그림 8-4)이라는 제목의 사진이 지면을 장식했다. 다른 기사에서도 대만의 징병제, 총동원 체제를 알리려는 의도를 읽을 수 있다. 다만, 실제 대만 내 병사 징집 일정은 1945년 4월로 늦춰졌다. 일왕의 '항복 방송'이 있기 4개월 전의 일이다.

특별지원병제 및 징병제로 인해 전사한 대만인은 약 3만 3천 명으로 알려진다. 국민당 정권 시절에는 실현되지 않다가 2004년에야 가오슝 시에 대만 무명전사 기념비가 세워졌다.

대만의 '내지화'에 따른 지정학적 변화는 미군도 인식하고 있었다. 1942년 2월 이후의 일본 본토 공습, 1944년 10월 이후의 오키나와(沖縄) 공습이 벌어지기 전에 미군은 대만에 격렬한 폭격을 했다. 공습이 이루어진 지역은 군사시설을 보유한 타이베이, 지룽, 가오슝, 화롄 등이다. 1945년에 들어서면서 공습은 '무차별 폭격'에서 특정 지역을 철저하게 파괴하는 융단폭격으로 바뀌었고, 곳곳에서 민간인이 희생되었다. 5월 31일에는 타이베이 시에서도 무차별 폭격이 일어났다. 이때 사망자는 약 3천 명, 중경상자는 수만 명에 달했다(감기호·장유빈, 2015). 미군의 공습은 일본 본토뿐 아니라 대만과 동남아시아 곳곳에서 계속되었다.

그러나 일본 본토 이외의 지역에서 이 같은 격렬한 공습이 이루어진 사실에 대해 일본 언론계와 학술계에서는 그

누구도 전후에 거론하지 않았다. NHK가 2021년 말에 방영한 "하늘의 증언자─건 카메라(gun camera)[5]가 본 태평양 전쟁의 진실"은 그 사실을 처음으로 밝힌 충격적인 프로그램이다.

남방 전선의 보도

일본군이 대만을 거점으로 남진 정책을 추진하는 동안, 남방의 일본 군정 지역에는 프로파간다를 침투시키기 위한 현지 신문사가 설립되었다. 마지막으로 남방 전쟁 당시의 보도 상황을 알아보기로 한다.

1942년 10월에 육군은 "남방 육군 군정 지역 신문정책 요령"을, 같은 해 12월에 해군은 "남방 해군 군정부 지방 신문정책 요령"을 공포했다. 이에 따라 일본 본토의 신문사는 남방의 현지 신문사를 조직하는 임무를 맡게 되었다. 예를 들어,《아사히》는 구 네덜란드령(현재 인도네시아) 자바(Java) 섬과 보르네오(Borneo) 섬,《오사카 마이니치》와《도쿄 니치니치》는 필리핀 제도와 셀레베스 섬(Celebes, 현재 술라웨시Sulawesi 섬),《요미우리 호치》는 버마와 구 네덜란드령 몰

---

5) 항공기에 탑재된 무비 카메라로, 사격이 명중했는지를 기록한다.

루카(Moluccas) 제도 남부의 세람(Seram) 섬, 동맹 통신사를 중심으로 한 지방신문사 연합은 말레이 반도, 쇼난(昭南) 섬[6], 구 네덜란드령 수마트라(Sumatra) 섬과 보르네오 섬을 지도했다(하야세 신조早瀨晋三, 2016). 신문사가 국가 프로파간다 기구로 편입된 것이다.

남방 전선의 사진을 수송하는 데에는 군의 비행기가 사용되었다(이시이 고노스케石井幸之助, 2008(초고는 1994년에 출판)). 사진은 타이베이와 상하이까지 공수된 다음 그곳에서 도쿄로 전송되었다. 1944년 7월 사이판(Saipan) 섬 함락으로 제국 일본의 절대국방권(전쟁 수행을 위해 필수적이라고 여겨지는 영역)이 무너지자 대만만이 유일하게 남방 전선의 사진을 도쿄로 전송할 수 있는 정보 거점으로 남았다. 앞에서 언급한 '대만은 대동아 공영권의 중심'이라는 구호(그림 8-3)는 남방 전선과 일본 본토를 연결하는 대만의 중요성을 나타낸 것이기도 했다.

1945년 6월에는 대만과 조선 등 식민지를 포함한 제국 일본 전역에 "전시 긴급조치법"이 시행되었다. 정부는 본토 결전에 대비해 광범위한 명령권을 포함한 위임 입법권을 규정했다. 이는 사실상 의회 제도의 해체였다. 제국 일본은

---

6) 현재의 싱가포르. '쇼난'은 일본이 강제로 바꾼 이름이다.

방향을 잃고 고전했으며 합의를 통해 전쟁을 끝내기 어려운 상황으로 빠져들었다.

1945년 8월 15일, 일왕은 무조건 항복을 수락한다는 항복 방송, 이른바 '옥음 방송'을 내보냈다. 같은 달 28일부터는 GHQ가 점령 통치하는 시대가 시작되었다. 9장에서는 패전 직후 일본의 체제 변동 속에서 프로파간다를 담당하는 주체가 어떻게 변화했는지를 살펴본다.

9장

패전 직후

—점령 통치를 위한 프로파간다(1940년대 후기)

1945년 8월 이후, 제국 일본은 GHQ(연합군 총사령부)의 특수 점령 통치하에 놓인다.* 이 장에서는 1952년 4월 28일에 샌프란시스코 평화조약이 발효될 때까지 GHQ가 일본을 점령 통치하는 과정에서 '종전' 처리와 프로파간다의 실정이 어떠했는지를 밝히기 위해 두 가지 주제를 다루며 마무리하려 한다.

우선 '종전' 시기에 대한 문제를 짚어본다. 8월 28일, 찰스 텐치(Charles P. Tenc) 대좌가 이끄는 연합군 선발대의 일본 상륙으로 시작된 GHQ 점령 통치 시대를 중심으로 오키나와가 일본에 반환되는 70년대까지를 검토한다. GHQ의 핵심 세력이었던 미국은 제국 일본의 군국주의 체제를 해체하고 전후 개혁을 원활하게 추진하기 위해 기존의 기구와 제도뿐 아니라 새로운 기구, 제도를 동원해 일본에 '종전' 의식을 철저히 심으려 했다.

다음으로 짚을 문제는 미국의 점령 통치는 지역에 따라

편차가 있었다는 점이다. 미국은 시간과 공간에 맞추어 전후 세계를 교묘하게 점령 통치했다. 9장에서는 연합국의 점령 통치가 이루어진 일본 본토와 미군에 의한 군정이 실시된 오키나와의 차이점에 주목하고, 이를 주도한 미국의 선전술은 어떤 것이었는지, 각 지역에서 시각 매체는 어떻게 활용되었는지를 살펴본다.

* 이 시기 일본 본토의 통치는 전후 배상이 이행될 때까지 일부 시정권을 제한하는 '보장 점령' 형태는 아니다(1947년 5월 2일에 대일본제국 헌법이 실효되기 전까지는 대일본제국 정부, 그다음 날부터는 새로 성립된 일본국 정부에 의한 간접 통치 방식). 그렇다고 국제법상에서 말하는 전시 점령, 즉 군정이 실시된 것도 아니다. 이런 특수한 전후 통치 방식에 대해 학계에서도 정확한 정의를 내리지 않고 있다. _저자 주

1. 다양한 '종전' 모습

'종전의 날'에 대한 해석

청일전쟁 이후 약 50년간 이어진 '전쟁의 시대'는 언제 끝
났을까?

가장 먼저 꼽을 수 있는 것은 8월 15일, 이른바 일본의
'종전의 날'이다. 영화로도 제작된 한도 가즈토시(半藤一利)
의 소설《일본의 가장 긴 하루》덕에 8월 14일 궁성 사건(쿠
데타 미수 사건)[1]의 발생부터 다음 날인 15일 쇼와 일왕의 '옥
음 방송'이 있기까지 이틀 사이에 전쟁 종결을 둘러싼 공방
이 있었음은 잘 알려져 있다. 그렇다면 '옥음 방송'이 전쟁
의 종결이었을까? 정부와 군부는 분명 전날인 8월 14일에
열린 어전회의 자리에서 포츠담 선언을 수락하기로 결정했
다. 그러나 15일의 '옥음 방송'은 쇼와 일왕이 일본 국민을
향해 무조건 항복을 수락할 의도가 있음을 전한 방송에 불
과했다. 연합국 입장에서는 실효성이 없었던 것이다.

---

1) 1945년 8월 14일 밤부터 15일에 걸쳐 도쿄 궁성(황거)에서 일부 소장
파 육군 장교들이 일으킨 쿠데타 미수 사건. 일본 제국의 전면적인 항
복을 요구한 포츠담 회담의 수락을 거부하고 결사 항전하겠다는 취지
였으나, 일왕, 각료, 도쿄 시민의 호응을 얻는 데 실패하고 주동자의 자
결로 마무리되었다.

두 번째로 고려할 수 있는 '종전'일은 일본이 미 전함 미주리(Missouri) 호 선상에서 항복문서에 조인한 1945년 9월 2일이다. 일왕 및 일본 정부의 명으로 외무대신 시게미쓰 마모루(重光葵), 대본영("대본영령"은 11월 30일에 폐지)의 명으로 참모총장 우메즈 요시지로(梅津美治郎) 두 명이 전권대표로 나섰다. '무조건 항복'의 구체적인 내용은 일본군 및 일본 국민에 의한 적대행위 중지, 군용 및 비군용 자산의 온존, 연합군 최고사령관의 모든 요구 집행 등이다. 이들 항목을 실행할 것을 제국 일본이 약속한다는 내용이었다. 항복문서를 바탕으로, 같은 날 쇼와 일왕은 "항복문서 조인에 관한 조서"를 발표했다. 일본군에는 무장해제 명령이 떨어졌다. 이 조서에 따라 육, 해군은 무장을 해제함과 동시에 1945년 11월에 육군, 해군 두 성(省)이 폐지되었고, 다음 달에 육군성은 제1복원성, 해군성은 제2복원성으로 개편되었다(《아사히》, 1945. 12. 1).

그러나 이 항복문서는 일본의 무조건 항복을 포함한 포츠담 선언의 수락을 규정한 것이었고, 연합국의 대일 전투행위 정지 여부를 명문화한 것은 아니었다.

세 번째로 고려할 수 있는 것은 일본과 연합국 간에 체결된 샌프란시스코 평화조약이 발효된 1952년 4월 28일이다.[2] 평화조약 제1조에는 일본이 주권 국가로서 '독립'한다는 간단한 문장 앞에 "일본국과 각 연합국 간의 전쟁상태는…… (이 조약의) 효력이 발생하는 날에 종료된다"고 명기되어 있다. 이로써 영미 양국을 비롯한 48개 조인국 간에 종전이 양해된 셈이다. 한편, 이 조약에 조인(비준)하지 않은 나라들에 대해서는 후술한다.

그렇다면 일본의 주권이 회복된 날인 4월 28일은 일본 국민에게 어떻게 받아들여졌을까? 이날《마이니치 신문》1면에 실린 나스 료스케(那須良輔)의 풍자화는 이를 시사한다. 요시다 시게루(吉田茂) 총리가 국민 대중을 내팽개친 채 '추방 해제자들', '탈세자들'과 건배하는 삽화에는 대두하는 구세력을 조롱하려는 의도가 담겨 있다.

나스는 중일전쟁 개전 다음 해인 1938년에 출판사 지쓰교노니혼사(實業之日本社)의 종군 기자로 중국에 건너가 본대에서 한커우(漢口) 사령부 보도반으로 소속을 옮기며 현지인들을 위한 선전 포스터와 선전 전단을 만든 인물로 알려져 있다. 귀국 후에는 대본영 참모본부에서 선전 전단에 만화를 그리는 등 프로파간다 매체의 제작에도 종사했다. 전쟁 중 선전 공작에 종사했던 나스 같은 인물조차 굶주림의 시

2) p.24의 각주 참조

대를 거쳐 일본이 맞이한 주권 회복에 싸늘한 시선을 보낸 것이다.

각각의 종전

전쟁 상대국들과의 '종전' 문제에 대해 조금 더 깊이 살펴보자.

일본 정부는 샌프란시스코 평화조약에 조인(비준)하지 않은, 또는 하지 못한 나라들—소련, 중화민국, 중화인민공화국, 대한민국, 조선민주주의인민공화국, 필리핀, 버마 등—과는 개별적으로 외교 협상을 진행했다. 전후 배상을 ODA(정부개발원조)로 대체하는 등의 형태로 외교관계를 맺고 평화조약을 체결해 각국과의 '종전'을 매듭지었다.

예를 들어, 일본과 중화민국은 1952년 4월 28일 샌프란시스코 평화조약이 발효된 날에 중일 평화조약을 체결했다. 제1조에는 일본국과 중화민국 간의 전쟁 상태는 이 조약의 효력이 발생하는 날(8월 5일)에 종료된다고 명기되어 있다.

그러나 1949년에 '중국'을 계승한 중화인민공화국과의 관계는 미정인 채로 남아 있었다. 훗날 냉전하의 미·중 유화 분위기 속에서 1972년 9월 29일에 중국과는 중일 공동성명을 조인하며 국교를 수립한다. 이날《마이니치 신문》1면 기사에 '전쟁 종결을 확인'이라는 문장이 보인다. 중일 공동성명에 따라 비로소 중일 양국의 '비정상적인 상태', 즉 법적인 전쟁 상태가 종료된 것이다(가와시마 신川島真·기시 도시히코 엮음, 2008).

동시에 다음과 같이 생각할 수도 있다. 일본은 1945년 일방적으로 '종전'을 주장했지만, 중화인민공화국은 건국한 1949년부터 20여 년간 일본과의 관계를 정전 상태에 있는 것으로 인식하고 유사시에 대한 준비를 게을리하지 않았다. 중화인민공화국뿐만 아니라 샌프란시스코 평화조약에 조인(비준)하지 않은 국가들은 일본과 평화조약을 조인할 때까지 모두 같은 인식을 하고 있었다고 볼 수 있다. 조선민주주의인민공화국과는 아직도 정전상태가 계속되고 있다고도 볼 수 있지 않을까?

게다가 오키나와의 사례는 어떤가? 오키나와의 '종전'은 일본 본토보다 이른 1945년 9월 7일에 미야코지마(宮古島) 제28사단의 노미 토시로(納見敏郎) 중장, 아마미오시마(奄美大島)의 육군 소장 다카다 도시사다(高田利貞), 해군 소장 가토 다다오(加藤唯男) 등이 미군을 상대로 항복문서에 서명했을 때로 알려진다. 그러나 1972년 5월 15일에 일본으로 반환될 때까지 미군에 의한 군정 통치는 지속되었다.

이처럼 '종전'의 방식은 실로 다양했다. 이는 지역마다 상황이 달랐기 때문이기도 하다. 그 배경에는 동서 냉전의 영향이 있었다. 일본 본토는 1952년에 주권을 회복했지만, 오키나와의 상황은 전술한 바와 같았다. 이즈 제도(伊豆諸島, 1946), 도카라 열도(1952), 아마미 군도(1953), 오가사와라 제도(小笠原諸島, 1968), 북방 4도(쿠릴열도, 미반환)는 1945년 이후에도 미국과 소련의 점령이 지속되었다(괄호 속의 연도는 일본에 반환된 시기).

또 '종전'을 받아들이는 방식도 지역마다 달랐다. 일본 국내에서는 미군이 원폭을 투하한 히로시마와 나가사키, 실제로 전투가 벌어졌던 오키나와, 대규모 공습의 대상이 된 도쿄, 요코하마, 오사카, 나고야, 기타큐슈(北九州) 등의 도시와 공습을 거의 경험하지 않은 삿포로, 후쿠시마, 교토, 가나자와, 마쓰에 같은 도시가 점령 통치에 대한 감정과 생각에서 차이를 보인 것은 당연지사였을 것이다.

2. GHQ 점령하의 일본

점령 통치의 시작

GHQ가 일본을 점령 통치한 시대를 살펴보면 영미 등의 연합군이 전쟁 상태를 '중지'한 시기에 불과했음을 알 수 있다. GHQ는 일본의 무기 및 군수 공업, 관련 연구기관을 철저히 파괴하면서 '적국 일본'을 점령 통치할 기관을 정비했고, 언제 다시 전쟁이 벌어질지 모르는 상황에 대해서도 잊지 않고 준비했다.

다만, 연합국이 점령 통치를 할 때에도 제국 일본의 통치 시스템을 완전히 바꾼 것은 아니었다. 군국주의 체제를 관장한 대본영, 육군성, 해군성 등의 군 조직과 구체제 행정 시스템 중 사상 단속을 담당했던 내무성, 특별고등경찰(특고)은 해체했지만, 그 외의 행정기관과 보통경찰은 점령 통치를 원활히 추진할 수 있도록 존속시켰다.

제국 일본의 시스템을 일부 이용한 미군의 통치를 구체적으로 살펴보자. GHQ 참모 제2부(G-2)는 점령 통치와 냉전 질서 구축에 유익하다고 여겨진 일부 구 일본군 장병과 정치인에게 전쟁에 대한 책임을 묻지 않았다(아라 다카시荒敬, 1994). 또 점령 통치를 선전하는 데 도움이 될 거라고 판단한 신문도 어느 한 곳 폐간시키지 않고 수명을 연장시켰다. 오늘날까지 활동하고 있는 기자 클럽도 당시 해체 위기를 면했다. 그 결과, 언론의 전쟁 책임론은 패전 직후 한때 거론되기는 했지만, 그 후로는 잠잠하다.

점령 통치를 맡은 GHQ도 문제를 안고 있었다. GHQ는 하부 조직으로 AFPAC(미국 태평양 육군 최고사령관 총사령부)와 SCAP(연합군 최고사령관 총사령부)를 거느리고 있었다. 전자는 실질적으로 미군 단독 사령부였고, 후자는 각국 군이 연합해서 지휘하는 기관이었다. 점령 통치는 이 같은 이중 권력 구조하에서 이루어졌기 때문에 미국과 다른 나라 사이에 이해관계의 대립과 모순이 생기기도 했다. 연합군 최고사령부 맥아더(Douglas MacArthur)와 영연방 점령군 세실 부시에(Cecil Bouchier) 소장의 불화는 유명한 이야기다(세실 부시에, 2008).

더욱이 미국 상황에 관해 이야기하자면, 민주당의 트루먼(Harry S. Truman)이 대통령에 오르면서 친공화당 성향의 연합군 최고사령관 맥아더에 대한 비난이 거셌다. 마지막에는 트루먼이 맥아더를 해임하기에 이른다. 이러한 점령군 내부의 모순, 점령 통치를 둘러싼 양당의 주도권 싸움은 분명히 존재했다.

점령한 측, 점령당한 측은 모두 새로운 국면에서 자신들의 질서 회복과 통치에 유리한 시스템을 그대로 유지하거나 새로 도입함으로써 전후 일본을 재건하고자 했다. 패전 후의 일본은 복합적인 정치세력에 의해 틀이 잡혔으며 그 모양은 참으로 복잡했다. 적어도 굳건한 점령군이 일방적으로 밀어붙이는 방식의 통치는 아니었다.

점령하의 검열과 교육 계몽 활동

1945년 9월 10일, 미군 단독 점령기관이었던 AFPAC는 "신문 보도 단속 방침", "언론 및 신문의 자유에 관한 각서"를 발표했다. 9월 21일에는 "일본 신문 규칙에 관한 각서", 이른바 프레스 코드가 시행되었다. 후자의 제1항에는 대본영이 시행한 것과 같은 유언비어 정보에 대한 경고와 함께 진실과 사실에 따라 보도해야 한다는 방침이 명기되어 있다.

다만, 이들 방침은 언론·보도의 자유에 관한 기본 방향을 미군이 제시한 데 불과했다. 점령 통치에 지장을 주는 미군의 폭행 사건이나 원폭·공습의 피해 상황은 언급해서는 안 된다는 제한이 있었음을 간과해서는 안 될 것이다(이마니시 미쓰오今西光男, 2008).

1945년 10월 2일, GHQ 산하에 SCAP가 설치되자 이틀 후에는 일본 정부에 대해 "정치적, 공민적 및 종교적 자유에 대한 제한(制限) 제거의 건(인권지령이라고도 한다)"을 통지했다. 그 결과, 중일전쟁 시기의 표현이나 보도를 규제하는 근거로 쓰였던 치안유지법, 군용자원비밀보호법, 군사기밀보호법 등이 폐지되었다. 같은 달 9일, 히가시쿠니노미야 나루히코(東久邇宮稔彦) 내각을 대신해 들어선 시데하라 기주로(幣原喜重郎) 내각은 통지대로 15개 법률, 법령을 폐지했다.

GHQ는 10월 8일부터 동맹 통신사에 대해 실시하던 사전 검열을 《아사히》, 《마이니치》, 《요미우리 호치(読売報知)》, 《니혼산교케이자이(日本産業経済)》, 《도쿄 신문》 5개 사에 대해서도 마찬가지로 적용했다. GHQ의 사전 검열 제도는 1948년 7월 15일까지 계속되었는데, 이후에도 철폐된 것은 아니었다. 사후 검열이 계속되었기 때문이다(《도쿄아사히》, 1948. 7. 16).

실제 검열은 G-2 소관인 CIS(민간 첩보부)에 속한 CCD(민간 검열국)가 실시했다. CCD의 운영에 많은 일본인 검열관이 관여했다는 사실은 최근 들어 밝혀지고 있다.

그런데 당시의 엄격한 검열을 CCD가 일방적으로 실행했다고 보기는 어려운 측면도 있다. 신문사와 출판사들이 나름대로 대책을 강구하고 있었기 때문이다. 《아사히》는 전시 중에 설치했다가 종전 시에 정리 축소한 사열과를 자체 검열을 위해 대폭 부활시켜 '맥아더 사령부의 신문 검열 보고'

라는 정기 보고서를 작성했다. 또 《마이니치》는 '검열 지침'
이라는 메모를 작성해 자체 검열을 추진했다(야마모토 다케토
시山本武利, 2013). GHQ의 제도가 사후 검열로 바뀐 이후에
는 신문사가 더욱 신중한 체제를 갖춰 자체 검열의 수위를
높였던 것이다.

방송, 출판, 영화, 연극 등에서도 마찬가지로 통제와 검
열이 이루어졌다. 1945년 9월 22일에 "일본 방송 준칙", 이
른바 라디오 코드가 발령되었고 29일에는 "신문·영화·통
신에 대한 모든 제한 법령을 철폐하는 건"이라는 지시가 내
려졌다. 영화에 대해서는 조금 늦게 1946년에 "영화 검열
에 관한 각서", 즉 픽토리얼 코드가 발표되면서 CCD 내의
PPB(프레스·영화·방송과)가 검열을 담당하게 되었으며, 그 외
에 CIE(민간 정보 교육국)도 나중에 영화 대본의 사전 검열 및
완성 필름 검열에도 관여하게 되었다(다니카와 다케시谷川建司,
2002). 그러나 각 업계는 CCD의 검열을 회피하기 위한 궁리
도 하고 있었다.

이처럼 복수의 검열 시스템을 도입한 것은 GHQ가 원활
하게 점령 통치를 해내기 위해 그만큼 언론계와 문화 오락
업계의 역할을 중시했기 때문이다.

CCD가 검열기관이었다면 CIE는 전후 프로파간다의 실
시와 교육개혁을 담당한 조직이었다. CIE가 말하는 교육 계

그림 9-1 도쿄의 CIE 도서관(1947. 10)

몽 활동, 바꿔 말해 선전술로는 1946년 3월부터 도쿄, 요코하마, 나고야, 오사카 등 23개 대도시에 설치한 CIE 도서관(그림 9-1)과 이듬해 4월경부터 상영되기 시작한 CIE 영화, 일명 나트코(NATCO) 영화가 있다.

CIE 영화는 점령군이 전국 지자체에 배포한 내셔널 컴퍼니(National Company) 사의 16mm 필름 영사기를 이용해 영상 필름과 USIS(미 홍보 문화 교류국)의 계몽 교육 필름을 일본인에게 보급하려는 시도의 하나였다. 많은 일본인이 CIE 영화와 CIE 도서관을 통해 미국식 생활, 문화와 과학 지식, 풍경과 습속, 나아가 미국식 민주주의를 알게 되었고, 점령 통치의 근간인 '전후 민주화' 개념을 받아들였다. 그뿐 아니라 미국이 강조하는 원자력의 평화적 이용 및 우주 개발에도 공감하게 되었다(쓰치야 유카土屋由香·요시미 슌야吉見俊哉 엮음, 2012).

CIE 도서관이나 CIE 영화에 대한 평가는 지금도 확정적이지 않다. CIE 영화에 대해서는 1951년 7월까지 관객 동원 수가 합계 9억 4,505명 정도였다는 점(당시 인구는 약 8,454만 명), 330개 작품 중 73개 작품은 500만 명 이상, 18개 작품은 700만 명 이상이 봤다는 사실로 미루어 보건대(쓰치야 유카土屋由香, 2009), 일본인 한 명이 7편 정도의 작품을 봤던 것으로 추산할 수 있다. 당시 사람들이 영화 내용을 어떻게 수용했는지는 차치하더라도 CIE가 일본인들이 중일전쟁 전부터 익숙하게 느끼던 영화라는 대중매체를 이용해 가치관 전환을 시도했음은 분명하다.

또 GHQ는 전쟁 중에 일본군이 선전술의 하나로 적극적으로 활용하던 종이 연극도 활용했다. SCAP와 동일한 날 출범한 PHW(공중위생복지국)의 크로퍼드 샘스(Crawford F. Sams) 국장의 자료가 후버연구소에 소장되어 있는데, 수록 사진에 그 모습이 담겨 있다(그림 9-2). PHW는 의약분업에

그림 9-2 GHQ 공중위생복지국이 활용한 종이 연극

반대하는 일본의사회와 대립하면서도 후생 정책 개혁에 착
수했다. 무엇보다 점령 통치를 담당하는 GHQ 관계자의 건
강을 보호하기 위해서라도 공중위생 의식을 일본인에게 철
저히 심어줄 필요가 있었기 때문이다.

3. 미군 점령하의 오키나와

미군정하에서

일본 본토에서 멀리 떨어져 있는 오키나와의 점령 상황은 전혀 달랐다. 오키나와 전투로 인해 오키나와 본섬의 중남부가 철저히 파괴되었기에 전후 재건은 미군의 점령 통치에 따라 시작될 수밖에 없었던 것이다.

오키나와의 미군 통치는 본토보다 일찍 시작되었다. 1945년 4월 1일, 체스터 니미츠(Chester William Nimitz) 미 해군 원수는 라디오로 미군의 상륙 소식을 전하고 점령 통치를 개시했다. 4월 5일에는 미 태평양군의 하급 기관인 류큐(琉球)열도 미국 군정부(이하 미 군정부)를 요미탄손(読谷村)에 설치하고 니미츠 원수가 군정 장관에 취임했다.

1946년 1월 29일, GHQ는 북위 30도(야쿠시마屋久島 섬 남쪽) 이남의 류큐 제도를 분리해 미 국방성 관할하에 편입했다. 이렇게 미군에 의한 오키나와 군사통치(군정)는 미 국무부가 점령 통치하는 일본 본토와 분리되어 시작된다. 실제로 미 군정부의 수장인 군정 장관의 면면을 보면, 니미츠 원수가 이직한 후 후계자 여섯 명은 전원이 육군 장교 출신이었다. 1947년 4월, 미 군정부 소관하에 지역 행정 기구로서 오키나와 민정부가 출범하였으나, 일본 본토처럼 보장점령을 수행하기 위한 간접 통치가 이루어진 것은 아니었다. 오키나와는 실질적으로 군정이 시행된 것이었다.

그런데 종전 직후의 오키나와에서 처음 발행된 홍보(프로파간다) 매체는 1945년 7월에 창간된 일본어 주보《우루마 신보》(다음 해에《우루마 신보うるま新報》로 가타카나만 변경)였다. 이는 미 군정부의 사전 검열하에 발행되었는데, 1948년에 민영화되었을 때는 사전 검열 제도가 사라졌다(사후 검열은 지속). 1948년에는 새롭게《오키나와 타임스》,《오키나와 마이니치 신문》외에 월간 잡지도 발행되었다. 다만 이들 신문과 잡지는 모두 미 군정부의 정책을 우선해서 전달하는 프로파간다 매체였으나 사진 기사는 없었다.

1948년 11월, 미 군정부는 점령 통치를 원활히 하기 위해 일본 본토와 마찬가지로 나하에도 CIE를 설치했다. 12월에 CIE는 오키나와 민정부 정보과와 연계해 일본어 관보로서《류큐 홍보》를 발행하고 이를 미 군정부의 선전 매체로 삼는다. 그러나 미 국무부 성향의 나하 CIE와 오키나와 점령 통치를 맡은 미군과의 관계가 꼭 원활한 것만은 아니었다(요시모토 히데코吉本秀子, 2015).

이외에도 나하 CIE는 1949년에 7개의 이동 영화반을 조직해 교통이 불편한 지역에서 순회 상영을 실시했다. 1950년 5월에 상영된 뉴스 영화와 다큐멘터리의 상영은 141회에 달했고, 관객 수는 11만 6,290명에 달했다고 한다.

또 후텐마(普天間) 기지 내에 설치된 후텐마 인쇄공장에서 《류큐 홍보》와 포스터, 달력, 리플릿 등 홍보선전물을 인쇄해 무료로 일반 가정에 배포했다. 미군에 의한 프로파간다 공작은 이러한 시각적인 선전 매체를 혼합한 정보 전략이었음이 최근 밝혀지고 있다(기시 도시히코·센스이 히데카즈泉水英計·나카야마 리사名嘉山リサ 편저, 2020).

미군의 프로파간다 공작

1950년을 전후한 시기, 동아시아의 지정학을 크게 뒤흔들고 동아시아에 주둔한 미군을 위협하는 중대 사건이 잇따라 일어났다. 1949년 10월의 중화인민공화국 수립, 이듬해 6월에 일어난 한국전쟁, 그리고 1954년, 1955년, 1958년 세 차례에 걸쳐 발생한 대만 해협 위기였다.

동아시아 각지에서 일어난 이 같은 긴장 상황의 영향을 받지 않으려고 류큐 제도에서는 1950년 12월에 군정에서 민정으로 전환을 시도했으며, 그 결과 새롭게 류큐열도미국민정부(USCAR, 이하 미국 민정부)가 설치되었다. 동년 11월에는 오키나와, 미야코, 야에야마(八重山), 아마미의 4개 군도정부까지 세워 미국 민정부와 연계를 강화한다.

그러나 1950년대, 미국 민정부의 의도와는 달리 오키나와에서는 반미감정을 부추기는 사건이 빈발한다. 아마미군도의 일본 반환, 미국 민정부가 내린 '토지수용령'에 대한 반발, 섬 전체의 투쟁, 가데나(嘉手納) 여아 강간 살인 사건[3], 미야모리(宮森) 소학교 미군기 추락 사건 등으로 섬 주민들 사이에 미군 점령에 대한 울분이 쌓여갔다.

CIE 영화는 이 같은 섬 주민의 반미감정을 완화할 수단 중 하나로 이용됐다. CIE는 도쿄의 GHQ로부터 나트코 영사기와 교육 필름을 조달해 무료 순회 상영을 실시했다(《오키나와아사히》, 1953). 이 시기에는 미국으로 유학 간 오키나와 학생의 생활을 다룬 다큐멘터리 영상 〈내일을 이끄는 사람들〉(1952), 이민 촉진 홍보 필름인 〈일어서는 류큐〉(1953), 〈류큐 뉴스〉(1953~56 무렵) 등 섬 주민의 희망을 자극하는 프로파간다 영화도 제작되었다.

그래도 문화와 오락에 굶주렸던 오키나와에서는 CIE 영화가 인기를 끌었던 것 같다. 미국 민정부의 선전 거점이 된 오키나와 중앙도서관 본관, 나하와 나고(名護)에 설립된 류미 문화회관, 코자, 이토만(糸満), 자마미(座間味) 등에 위치한

---

3) 미군 가데나 기지 소속 병사가 6세 여야를 강간, 살해한 뒤 시체를 기지 부근 해안에 유기한 사건

그림 9-3 오키나와 본섬 북부의 문화 카라반 영사회(1964년 1월)

류미친선센터에서 상영회가 열렸고, 야외 상영회도 개최되었다(나카치 히로시仲地洋, 2000). '그림 9-3'은 시기가 조금 뒤지만, 오키나와 본섬 북부의 쿠니가미손 소스(国頭村楚洲)에서 열린 문화 카라반 영사회의 모습을 찍은 사진이다.

　1953년부터 1955년까지는 고조되는 반미감정을 억제하면서 방공 의식을 고양할 목적으로 류큐 방송에서 지역 뉴스 프로그램 〈류큐 뉴스〉를 방송했다. 뉴스 필름 제작에는 미 육군 제7심리전 부대(특히 동 부대의 제15심리작전 분견대 일본어반)가 관여했다. 제7심리전 부대는 오키나와 캠프 킨저

(Kinser)의 마키미나토 보급지구를 거점으로 일본 본토, 한국, 대만, 남베트남 등에 파견대를 보내 프로파간다 활동을 전개한 조직이다. 일부 뉴스 필름은 현재 미국국립공문서관(NARA) 등에 수장되어 있다(기시 도시히코·센스이 히데카즈泉水英計·나카야마 리사名嘉山リサ 편저, 2020).

오키나와에 만연한 반미 기운을 억누르기 위해, 1957년 6월에 미국 민정부의 실질적 수장이었던 민정 부장관에 의한 지도 체제를 류큐열도고등판무관 제도로 바꾼다. 그러나 이것이 군정에서 민정으로 전환한 것이 아니었음은 분명하다. 왜냐하면 역대 여섯 명의 고등판무관이 모두 육군 중장이었기 때문이다(오타 마사히데大田昌秀, 1948).

고등판무관 도널드 부스(Donald Prentice Booth)는 1959년 1월에 가정용으로 무료 배포할 컬러 화보 잡지《수례(守禮)의 빛》(그림 9-4)을 간행하게 한다. 그 지면을 통해 중국과 한반도에서 고조되는 국제 공산주의가 일본에 전파되는 것을 막으려는 의도가 있었음을 엿볼 수 있다(요시모토 히데코吉本秀子, 2015). 이 화보 잡지의 발행에도 제7심리전 부대가 관여했다. 참고로《수례의 빛》은 오키나와 반환 후에《교류》라는 제목으로 바뀌어 거의 1년간 계속 발행되었다. 이 사실을 어떻게 받아들여야 할까?

오늘날 되돌아보면, 군정하의 오키나와에서 미군의 프로

파간다 공작은 그 목적이 점령 통치의 정당성 강조에서 시작해 냉전 구조 속에서 반공·방공의 거점으로 오키나와를 편입시키는 것으로 바뀌어 갔다는 사실을 알 수 있다.

그리고 1972년 5월 15일에 오키나와는 일본에 반환된다. 3년 뒤인 1975년에 개최된 오키나와 국제 해양 박람회는 일본 정부의 주권 회복을 과시하면서 미군 기관의 존속도 널리 알리는 기회가 되었다. 점령 통치기의 일본, 군정하의 오키나와에서 미국이 구축한 안전보장의 틀은 일본 정부와의 합의하에 지금도 이어지고 있다.

그림 9-4《수레의 빛》창간호(1959. 1)

후기

2022년 2월에 발발한 러시아군의 우크라이나 침공에서 보듯 세상에는 지금도 전쟁 중인 땅이 존재한다. 분쟁 지역을 빠져나온 난민도 있다. 그러니 전쟁이나 분쟁이란 과거의 역사적 사실인 동시에 현재진행형인 현실임을 실감할 수 있을 것이다. 그러한 관점에서 제국 일본 시기의 모습이 현대를 생각하는 계기를 제공하면 좋겠다는 바람으로 이 책을 집필하였다.

원래 이 책은 지역의 문제를 세계적인 관점에서 어떻게 검증할 것인지, 전쟁 시기의 문제를 현대의 관점에서 어떻게 재평가할 것인지에 관해 필자 나름의 질문을 던져보는 시도로 집필하였다. 이 책의 콘셉트는 2021년에 간행한 졸저《태평양전쟁과 수용소―충칭(重慶) 정권하 피수용자의 증언과 국제 구제 기관의 기록으로부터》와 같으며, 두 책의 문제의식은 모두 전시의 비극과 기억을 어떻게 다음 세대에 전할 것인가 하는 것이다.

이 책에서 다루는 대상은 서두에 밝힌 바와 같이 청일전쟁 시기부터 일본이 패전한 후 미군에게 점령 통치를 받던 시기에 이르는 50여 년이다. 일본의 정부 및 군부, 언론계, 국민이라는 삼자 관계를 축으로 해서 프로파간다 주체의 변용 과정을 시각 매체를 통해 개관하고자 했다.

따지고 보면 불과 반세기밖에 안 되는 기간이다. 그 사이에 일본은 무엇 때문에 이토록 많은 전쟁과 분쟁에 관여해야 했는가? 국가 프로파간다는 언제, 어떤 경위로 일본에서도 성립되었는가? 민간기업과 국민은 프로파간다로 가득 찬 시대에 어떻게 관여하고 수용했는가? 이러한 문제를 파악하고자 제국 일본이 '전쟁열'을 고양했던 흔적을 10년 단위로 살피려 했다.

집필을 시작하고 보니 지난 50여 년에 걸친 전쟁의 시대와 현재 사이에 접점이 많다는 사실을 싫든 좋든 깨닫게 되었다. 지금 우리가 살아가는 시대에까지 깊이 뿌리내린 위기를 어떻게 피해야 할까? 이에 관한 지혜는 이 책이 대상으로 살핀 시대 속에 분명히 있다고 생각한다.

다만, 지난 대전이 종결된 지 벌써 80년 가까운 세월이 흘렀다. 전쟁을 겪은 이들이 급격히 줄어들면서 세계대전에 대한 관심도 희박해지고 있다. 그러나 현실 세계는 우리가 상상하는 것보다 훨씬 더 복잡하고 혼돈으로 가득 차 있다.

필자가 그 50여 년의 시대를 생각하는 단서로 동아시아의 도화상(圖畫像) 연구에 착수한 지도 벌써 20년 가까이 지났다. 그동안 정보학이나 도서관학 전문가와 함께 '만주국 포스터 데이터베이스', 《아동인화집(亜東印画輯)》 데이터베이스', 《아세아 대관(亜細亜大観)》 데이터베이스', '화베이 교통 아카이브', '그림엽서로 보는 아시아─교토대학 귀중 자료 디지털 아카이브' 등의 화상 데이터베이스를 공개해 왔다.

코로나 사태가 지속되는 가운데, 이 같은 문리 협동의 지견을 바탕으로 일본 국내를 비롯해 해외에서 발표한 성과를 정리하고 새로운 내용까지 담아 '제국 일본의 프로파간다'라는 주제로 한 권에 묶기로 했다. 전쟁을 모르는 세대와 함께 현재 국경을 넘어 도래하는 위기를 피할 지혜를 발굴하는 일은 이 답답한 시대에 매우 중요한 과제라고 생각했기 때문이다.

마지막으로 이 책을 간행하기 위해 애써주신 대학의 교직원 여러분, 공동연구를 진행해주신 동료들에게 감사의 말씀을 드린다. 특히 스탠퍼드대 후버연구소 L&A의 우에다 가오루(上田薰)에게서 "키워진 불꽃: 근대 일본의 프로파간다"(http://fanningtheflames.hoover.org)라는 국제 프로젝트에 참가할 것을 권유받은 것이 이 책을 정리하는 계기가 되었다. 2장과 3장은 그 성과의 일부다. 또 대만의 중앙연구원 근대사연구소·대만사연구소, 한국의 만주학회 여러분께도 이 자리를 빌려 감사의 인사를 전한다. 대만과 한국에서 이루어진 학술교류 성과는 6~8장에 담았다. 아사히신문사와 마이니치신문사에서 귀중한 전쟁 사진을 열람할 수 있도록 편의를 제공받았다. 그리고 이 책의 기획부터 출판에 이르기까지 줄곧 신세를 진 주코신서(中公新書) 편집부의 고 이쓰코(胡逸高)에게 특히 감사드린다. 성실하고 인내심 강한 고씨가 없었다면 이 책은 세상에 나오지 못했을 것이다.

2022년 5월

기시 도시히코

참고 문헌

일어_____

秋山豊三郎 編,『時局及排日ポスター写真帖』, 満洲日報社, 1932년.

朝日新聞社 編,『南方の拠点·台湾 写真報道』, 朝日新聞社, 1944년 A.

朝日新聞社 編,『大東亜戦争と台湾青年 写真報道』, 朝日新聞社, 1944년 B.

朝日新聞社史編修室 編,『朝日新聞編年史(昭和一二年)』, 社内用, 1971년.

朝日新聞社「写真が語る戦争」取材班,『朝日新聞の秘蔵写真が語る戦争』, 朝日新聞出版, 2009년.

朝日新聞取材班,『「過去の克服」と愛国心』, 朝日選書, 2007년.

朝日新聞「新聞と戦争」取材班,『新聞と戦争』, 朝日新聞社, 2008년.

朝日新聞百年史編修委員会 編,『朝日新聞社史 明治編』, 朝日新聞社, 1990년.

朝日新聞百年史編修委員会 編,『朝日新聞社史 大正·昭和戦前編』, 朝日新聞社, 1991년.

荒敬,『日本占領史研究序説』, 柏書房, 1994년.

新井勝紘,「軍事郵便の基礎的研究(序)」,『国立歴史民俗博物館研究報告』一二六集, 2006년.

アレクシエーヴィチ, スヴェトラーナ,『戦争は女の顔をしていない』, 群像社, 2008년.

飯倉章,『日露戦争風刺画大全』上, 芙蓉書房出版社, 2010년.

---

* 원문 순서 그대로 임. 원래는 띄어쓰기가 없으나 띄어쓰기를 넣고, 쉼표와 출판연도는 한글로 바꾸었다_역자

五百籏頭眞,『戦争·占領·講和 一九四一〜一九五五』, 中央公論新社, 2001년.

池田徳眞,『プロパガンダ戦史』, 中央公論新社, 2015년.

石井幸之助,『報道班員従軍記』, 光人社ＮＦ文庫, 2008년(초고는 1994년에 출판).

一ノ瀬俊也,『宣伝謀略ビラで読む, 日中·太平洋戦争』, 柏書房, 2008년.

一ノ瀬俊也 解説,『戦時グラフ雑誌集成』全一二巻, 柏書房, 2019년.

井上祐子,『日清·日露戦争と写真報道』, 吉川弘文館, 2012년.

今西光男,『占領期の朝日新聞と戦争責任』, 朝日新聞出版, 2008년.

入江良郎,「吉澤商店主·河浦謙一の足跡(二)」,『東京国立近代美術館研究紀要』
　　二二号, 2018년.

内川芳美 編,『現代史資料』四一, みすず書房, 1975년.

埋忠美沙,「西南戦争における報道メディアとしての歌舞伎」,『演劇学論集 日本
　　演劇学会紀要』六二巻, 2016년.

大久保遼,「『日露戦争実記』における視覚の構成」,『マス·コミュニケーション研
　　究』七八巻, 日本マス·コミュニケーション学会, 2011년.

大田昌秀,『沖縄の帝王 高等弁務官』, 久米書房, 1984년.

大谷正, 福井純子 編,『描かれた日清戦争』, 創元社, 2015년.

岡村志嘉子,「日清戦争を描いた雑誌」,『国立国会図書館月報』六一一号, 2012년.

岡本綺堂,『明治劇談 ランプの下にて』, 岡倉書房, 1935년.

沖縄朝日新聞社 編,『沖縄大観』, 日本通信社, 1953년.

沖縄県文化振興会 公文書管理部 史料編集室 編,『沖縄県史』資料編 九, 沖縄県
　　教育委員会, 2000년.

外務省 亜細亜局 編,『支那在留邦人及外国人人口統計表 第二〇回』, 外務省 亜細
　　亜局, 1927년.

梶川伸一,「最近のロシア農民史研究について」,『史林』第七三巻 第四号, 1990년.

片岡一郎,『活動写真弁史』, 共和国, 2020년.

加藤陽子,『それでも, 日本人は「戦争」を選んだ』, 朝日出版社, 2009년.

加藤陽子,『とめられなかった戦争』, 文春文庫, 2017년.

金丸裕一 監修,『抗日·排日関係史料』全四巻, ゆまに書房復刻本, 2005년.

我部政明,「日本のミクロネシア占領と「南進」」1,『法学研究』第五五巻 第七号,

慶應義塾大学法学研究会, 1982년.

川島真·貴志俊彦 編, 『資料で読む世界の八月一五日』, 山川出版社, 2008년.

貴志俊彦, 「東亜新秩序」構想の変容と抵抗」(貴志他 編, 『東アジア』の時代性』, 渓水社, 2005년)

貴志俊彦, 『満洲国のビジュアル·メディア』, 吉川弘文館, 2010년

貴志俊彦, 「朝日新聞富士倉庫資料」與中日戦争照片審査問題」(呉偉明 編, 『在日本尋找中国』, 香港中文大学出版社, 2013년)

貴志俊彦·川島真·孫安石 編, 『増補改訂 戦争·ラジオ·記憶』, 勉誠出版, 2015년.

貴志俊彦, 「グラフ誌が描かなかった死」(貴志他 編, 『記憶と忘却のアジア』, 青弓社, 2015년)

貴志俊彦·白山眞理 編, 『京都大学人文科学研究所所蔵 華北交通写真資料集成』全二巻, 国書刊行会, 2016년.

貴志俊彦, 「国境紛争, 領土問題と報道メディア」(韓国語), 『満洲研究』第二七集, 韓国満洲学会, 2019년.

貴志俊彦, 「映画広報人青山唯一が遺したもの」, 『史学研究』第三〇五号, 広島史学研究会, 2020년.

貴志俊彦·泉水英計·名嘉山リサ 編著, 『よみがえる沖縄 米国施政権下のテレビ映像』, 不二出版, 2020년.

貴志俊彦, 「日中戦争下の国産映画ブーム」, 『第一七回大阪アジアン映画祭 公式カタログ』, 大阪映像文化振興事業実行委員会, 2022년.

クシュナー, バラク, 『思想戦 大日本帝国のプロパガンダ』, 明石書店, 2016년.

黒岩比佐子, 『編集者国木田独歩の時代』, 角川学芸出版, 2007년.

向後恵理子, 「日本葉書会」, 『学術研究 複合文化学編』五八号, 早稲田大学教育会, 2009년.

後藤乾一, 『近代日本と東南アジア』, 岩波書店, 2010년.

後藤孝夫, 『辛亥革命から満州事変へ』, みすず書房, 1987년.

小林英夫·張志強 編, 『検閲された手紙が語る満洲国の実態』, 小学館, 2006년.

齋藤聖二, 『日独戦争』, ゆまに書房, 2001년.

坂内徳明, 「ロシア民族学史における「民衆版画(ルボーク)」」『一橋大学研究年報·

人文学研究』三二, 1995년.

佐藤卓己,『言論統制』中公新書, 2004년.

里見脩,『ニュース・エージェンシー』, 中央公論新社, 2000년.

参謀本部 編纂,『明治廿七八年日清戦史』第八巻, 東京印刷, 1904년.

参謀本部 編,『秘大正三年日独戦史①』上巻 1, ゆまに書房復刻本, 2001년.

柴田哲雄,「汪精衛南京政府下の大東亜戦争博覧会」(森時彦 編,『二〇世紀中国の社会システム』, 京都大学人文科学研究所, 2009년)

清水勲,『ビゴーの一五〇年』臨川書店, 2011년.

シュミット, ヤン,「一九一四年から一九一九年までの日本の(マス)メディアにおける第一次世界大戦の受容に関する研究ノート」,『アルザス日欧知的交流事業 日本研究セミナー「大正／戦前」報告書』, 国際交流基金, 2014년.

白山真理,『〈報道写真〉と戦争一九三〇〜一九六〇』, 吉川弘文館, 2014년.

太平洋戦争研究会,『『写真週報』に見る戦時下の日本』, 世界文化社, 2011년.

台湾総督府情報部 編輯,『部報』第一五八号, 1942년 1월 1일.

高橋健次郎,「日独戦争と俘虜郵便の時代」二一, 2003년 4월 10일. http://www.takahashistamp.com/mokuji2.htm

竹葉丈,『異郷のモダニズム 満洲写真全史』, 国書刊行会, 2017년.

谷川建司,『アメリカ映画と占領政策』, 京都大学学術出版会, 2002년.

玉井清 編著,『『写真週報』とその時代』上・下, 慶應義塾大学出版会, 2017년.

チャオ埴原三鈴・中馬清福,『『排日移民法』と闘った外交官』, 藤原書店, 2011년.

辻千春,「日中両国の報道版画」,『名古屋大学博物館報告』, 二七号, 2011년.

辻田真佐憲,『大本営発表』, 幻冬舎新書, 2016년.

土屋由香,『親米日本の構築』, 明石書店, 2009년.

土屋由香・吉見俊哉 編,『占領する眼・占領する声』, 東京大学出版会, 2012년.

土屋礼子,『対日宣伝ビラが語る太平洋戦争』, 吉川弘文館, 2011년.

土屋礼子 編,『日本メディア史年表』, 吉川弘文館, 2018년.

東亜経済調査局 編,『満蒙に転向せられむとする排動』, 東亜経済調査局, 1929년.

東京大学大学院 情報学環吉見俊哉研究室 編・発行,『東京大学大学院情報学環所蔵 第一次世界大戦期プロパガンダ・ポスターコレクション カタログ・レゾ

ネ』, 2006년.

富澤達三, 『錦絵のちから』, 文生書院, 2004년.

中島九郎, 『対米日支移民問題の解剖』, 巖松堂書店, 1924년.

仲地洋, 「沖縄県公文書館における沖縄関係映像資料」, 『沖縄県公文書館研究紀
　　要』 第三号, 2000년.

中野美代子·武田雅哉, 『世紀末中国のかわら版』, 福武書店, 1989년.

西川武臣, 『従軍日記と報道挿絵が伝える庶民たちの日露戦争』, 勉誠出版,
　　2021년.

日華実業協会, 『支那に於ける外貨排斥運動』, 1929년.

日本興業銀行外事部, 『日本外債小史』, 日本興業銀行外事部, 1948년.

日本写真家協会 編, 『日本写真史一八四〇~一九四五』, 平凡社, 1971년.

農商務省, 『聖路易万国博覧会本邦参同事業報告』 第二編, 1905년.

バウチャー, セシル, 『英国空軍少将の見た日本占領と朝鮮戦争』, 社会評論社,
　　2008년.

筈見恒夫, 『映画五十年史』, 鱒書房, 1942년.

早瀬晋三, 「日本占領·勢力下の東南アジアで発行された新聞」, 『アジア太平洋討
　　究』 二七号, 早稲田大学アジア太平洋研究センター, 2016년.

原貴美恵, 『サンフランシスコ平和条約の盲点』, 渓水社, 2013년.

原田敬一, 「戦争を伝えた人びと」, 『(佛教大学)文学部論集』 八四号, 2000년.

原田健一, 『戦時·占領期における映像の生成と反復』, 知泉書館, 2019년.

平塚柾緒, 『写真でわかる事典 日本占領史 一九四五年八月~一九五二年五月』, Ｐ
　　ＨＰエディターズ·グループ, 2019년.

平間洋一 編著, 『日露戦争を世界はどう報じたか』, 芙蓉書房出版, 2010년.

藤井省三, 『現代中国文化探検』, 岩波書店, 1999년.

藤田俊, 『戦間期日本陸軍の宣伝政策』, 芙蓉書房出版, 2021년.

藤村道生, 「日本近代史上の日清戦争と亀井玆明の記録」, 『日清戦争従軍写真帖』
　　復刻本, 柏書房, 1992년.

細谷雄一, 『戦後史の解放Ⅰ 歴史認識とは何か』, 新潮社, 2015년.

毎日新聞社 終戦処理委員会編, 『東西南北 毎日新聞殉職社員追憶記』, 毎日新聞

社, 1952년.

毎日新聞社, 『一億人の昭和史〈一〇〉不許可写真史』, 毎日新聞社, 1977년.

前坂俊之, 「太平洋戦争下の新聞メディア」『マス·コミュニケーション研究』六六
    号, 2005년.

松浦総三, 『戦時下の言論統制』, 白川書院, 1975년

松村正義, 『増補改訂版 日露戦争と金子堅太郎』, 新有堂, 1987년.

馬淵逸雄, 『報道戦線』, 改造社, 1941년.

宮本吉夫, 『戦時下の新聞·放送』, 人間の科学新社, 1984년.

モック, ジェームズ他, 『米国の言論指導と対外宣伝』, 坂部重義訳, 汎洋社,
    1943년.

山室信一, 『キメラ 増補版』, 中央公論新社, 2004년.

山室信一, 『日露戦争の世紀』, 岩波新書, 2005년.

山本明, 『カストリ雑誌研究』, 出版ニュース社, 1976년.

山本武利, 『GHQの検閲·諜報·宣伝工作』, 岩波書店, 2013년.

山本武利 責任編集, 『新聞·雑誌·出版』, ミネルヴァ書房, 2005년.

吉田則昭, 『戦時統制とジャーナリズム』, 昭和堂, 2010년.

吉田裕, 『日本軍兵士』, 中公新書, 2017년.

吉本秀子, 『米国の沖縄占領と情報政策』, 風響社, 2015년.

読売新聞 戦争責任検証委員会, 『検証 戦争責任』全二冊, 中央公論新社, 2006년.

立命館大学 国際平和ミュージアム, 『二〇一六年度秋季特別展 絵葉書にみる日
    本と中国 1894~1945』, 2016년.

琉球諸島米国高等弁務官事務所, 『守礼の光 ＤＶＤ版(一九五九年〜一九七二
    年)』, 不二出版, 2012년.

若桑みどり, 『戦争がつくる女性像』, 筑摩書房, 1995년.

영어_____

Dower, John W., "Throwing Off Asia 3", MIT Visualizing Cultures, 2008.

Hiery, Hermann, The Neglected War, University of Hawai'i Press, 1995.

Ueda, Kaoru ed., Fanning the Flames: Propaganda in Modern Japan, Hoover Institution Press, 2021.

독일어_____

Kishi, Toshihiko, "Das Bild von "Aufbau" und "Entwicklung" der lokalen Gesellschaft im Spiegel von illustrierten Zeitschriften der Mandschurei," in Günther Distelrath, Hans Dieter Ölschleger, Shiro Yukawa(Hg.), Nordostasien in Medien, Politik und Wissenschaft, EB-Verlag, 2019.

러시아어_____

Itkina, Ye.I., Russkiy risovannyy lubok kontsa XVIII - n XX veka, Russkaya kniga, 1992.

Sergeyevna, M. D., "Otechestvennyy voyennyy lubok i otkrytka(na primere perioda russko-yaponskoy voyny 1904-1905 gg.)," Dissertatsiya na soiskaniye uchenoy stepeni kandidata istoricheskikh nauk, Moskva: Rossiyskaya Gosudarstvennaya Biblioteka, 2016.

Svetov, Y. I., cont., Pervyy fotoreporter Rossii Karl Bulla, Fond istoricheskoy fotografii imeni Karla Bully, 2015.

Turmov, Gennadiy Petrovich, Russko-yaponskaya voyna 1904-1905 gg. na pochtovykh otkrytkakh. Tekhnicheskiy Universitet, 2005.

중국어＿＿＿＿＿＿＿＿＿＿＿＿＿＿

甘記豪·張維斌, 『台湾大空襲』 全二冊, 前衛出版社, 2015년.
鍾淑敏·貴志俊彦 主編, 『視覺台湾日本朝日新聞社報導影像選輯』, 中央研究院台湾史研究所, 2020년.

이미지 출전

권두화

권두화 1·2 国立国会図書館デジタルコレクション000009243941(국립국회도서관 디지털 컬렉션 000009243941)

권두화 3 Poster Collection(JA37), Hoover Institution Library & Archives. https://n2t.net/ark:/54723/h3wc89

권두화 4 『京都大学所蔵近代教育掛図 - 京都大学貴重資料デジタルアーカイブ』RB00023884(《교토대학 소장 근대 교육 괘도 – 교토대학 귀중 자료 디지털 아카이브》 RB00023884)

1장

1-1 現サハリン州立郷土史博物館(현재 사할린 주립 향토사박물관)
1-2 現パラオ最高裁判所(현재 팔라우 대법원)

2장

지도 吉田東伍, 『大日本読史地図』, 冨山房, 一九三七年, 一三一頁(요시다 도고, 《대일본독사지도》, 후잔보, 1937, p.131)

그림 2-1 国立国会図書館 デジタルコレクション000009243941(국립국회도서관 디지털 컬렉션, 000009243941)

그림 2-2 Japanese woodblock print collection, Hoover Institution Library &

Archives. https://n2t.net/ark:/54723/h3qw31

그림 2-3 Japanese woodblock print collection, Hoover Institution Library & Archives. https://n2t.net/ark:/54723/h3389h

그림 2-4 大英図書館16126.d.4(19)(대영도서관 16126.d.4(19))

그림 2-5 清水勲 編, 『明治の面影·フランス人画家 ビゴー の世界』, 山川出版社, 二○○二年, 図３-41(시미즈 이사오 엮음, 《메이지의 기억·프랑스인 화가 비고의 세계》, 야마카와 출판사, 2002, 그림 3-41)

그림 2-6 Japanese woodblock print collection, Hoover Institution Library & Archives. https://n2t.net/ark:/54723/h3fg7x

3장

지도 吉田東伍, 前掲書, 一三二頁(요시다 도고, op. cit., p.132)

그림 3-1 Le Petit Parisien, No. 791, 3 April 1904. https://commons.wikimedia. org/wiki/File:Le_Petit_Parisien,_1904.png

그림 3-2 「絵葉書からみるアジア - 京都大学貴重資料 デジタルアーカイブ」 RB00032422 ('그림엽서로 보는 아시아 – 교토대학 귀중 자료 디지털 아카이브', RB00032422)

그림 3-3 Moscow: Khromo-Litografiia E.I.Konovalovoi. Photograph. Retrieved from the Library of Congress. https://www.loc.gov/item/2018689390/

그림 3-4 Wikipedia https://ja.wikipedia.org/wiki/%E5%A5%89%E5%A4%A9%E4%BC%9A%E6%88%A6

그림 3-5 James H. Hare ed., A photographic record of the Russo-Japanese war, 1856 - 1946, P. F. Collier & Son, 1905, p.176.

그림 3-6 Wiki Art https://www.wikiart.org/en/nicholas-roerich/at-the-far-east-1904

4장

그림 4-1 Lustige Blätter: schönstes buntes Witzblatt Deutschlands, No. 35, 1914, p. 16. Digital Repository of Heidelberg University. https://digi.ub.uni-heidelberg.de/diglit/lb29/0830

그림 4-2 The New Zealand Observer, Vol. 34, No. 51, August 29, 1914. National Library of New Zealand

그림 4-3 DAS FELDHERRN-SPIEL. Kunstdruck- und Verlagsanstalt Wezel & Naumann, Leipzig, ca.1914.

그림 4-4 「絵葉書からみるアジア‐京都大学貴重資料デジタルアーカイブ」 RB00031193('그림엽서로 보는 아시아 – 교토대학 귀중 자료 디지털 아카이브', RB00031193)

그림 4-5 Wikipedia https://upload.wikimedia.org/wikipedia/commons/b/b7/Deutsch-Neuguinea-Rekruten.jpg

그림 4-6 俘虜情報局 編, 『大正三四年戰役俘虜写真帖』, 俘虜情報局, 一九一八年, 一三六頁(国会図書館デジタルコレクション000000581254)(포로정보국 엮음, 《다이쇼 3, 4년 전쟁 포로사진집》, 포로정보국, 1918, p.136(국회도서관 디지털 컬렉션 000000581254))

5장

그림 5-1 「絵葉書からみるアジア‐京都大学貴重資料デ ジタルアーカイブ」 RB00031285('그림엽서로 보는 아시아 – 교토대학 귀중 자료 디지털 아카이브', RB00031285)

그림 5-2 秋山豊三郎 編, 『時局及排日ポスター写真帖』, 満洲日報社, 一九三一年, 二三頁(아키야마 도요사부로, 《시국 및 배일 포스터 사진집》, 만주일보사, 1931, p.23)

그림 5-3 Wikipedia https://upload.wikimedia.org/wikipedia/ja/0/0e/Konosu_Friendship-doll_Exchange_1927_1.jpg

그림 5-4 ドイツ連邦公文書館, Bild 102 - 00598(독일 연방 공문서관, Bild 102 - 00598)

6장

그림 6-1 Wikipedia https://upload.wikimedia.org/wikipedia/commons/1/17/ Mona_Rudao_and_Seediq_tribal_leaders.jpg

그림 6-2 『大阪朝日』 号外, 一九三〇年——月三日(《오사카 마이니치》 호외, 1930년 11월 3일)

그림 6-3 秋山豊三郎 編, 前掲書, 七頁(아키야마 도요사부로, op.cit., p.7)

그림 6-4 『朝日新聞販売百年史(大阪編)』, 朝日新聞大阪本社, 一九七九年の付表から作成(《아사히 신문 판매 백년사(오사카편)》, 아사히신문 오사카 본사, 1979년에 딸린 표에서 발췌)

그림 6-5 『東京朝日』 号外, 一九三一年九月二〇日(《도쿄아사히》 호외, 1931년 9월 20일)

7장

지도 吉田東伍, 前掲書, 一四〇～一四一頁(요시다 도고, op.cit., p.140-141)

그림 7-1 太平洋戦争研究会, 『「写真週報」に見る戦時下の日本』, 世界文化社, 二〇一一年, 一〇頁(태평양전쟁 연구회, 《'사진주보'로 보는 전시하의 일본》, 세카이분카샤, 2011, p.10)

그림 7-2 『東京朝日』, 一九三七年八月二二日(《도쿄아사히》, 1937년 8월 22일)

그림 7-3 Japanese children's propaganda collection, Hoover Institution Library & Archives. https://n2t.net/ark:/54723/h3jc7t

그림 7-4 「青山唯一スクラップブック」('아오야마 유이치 스크랩북') Manchukuo Collection, J-0931, Harvard Yenching Library

표 7-1 『東京朝日』, 一九三八年二月一六～一九日から作成(《도쿄아사히》, 1938년

지도 작성: 모리손 지도사(地図屋もりそん)
권두화, 그림 6-4: 이치카와 마키코(市川眞樹子)

제국 일본의 프로파간다

초판 1쇄 인쇄 2024년 8월 15일
초판 1쇄 발행 2024년 8월 22일

지은이 기시 도시히코(貴志俊彦)
옮긴이 정문주
감수   조명철

발행인 양수빈
펴낸곳 타커스

등록번호 제313-2008-63호
주소 서울시 종로구 대학로 14길 21 (혜화동) 민재빌딩 4층
전화 02-3142-2887   팩스 02-3142-4006
이메일 yhtak@clema.co.kr

ISBN 978-89-98658-80-9 (93910)